中华经典现代解读丛书

DU YIJING WU WEIGUAN ZHIHUI

读《易经》
悟为官智慧

顾 易 ◎ 著

暨南大学出版社
JINAN UNIVERSITY PRESS

中国 · 广州

图书在版编目（CIP）数据

读《易经》悟为官智慧 / 顾易著. — 广州：暨南大学出版社，
2020.5（2020.7 重印）
（中华经典现代解读丛书）
ISBN 978-7-5668-2885-9

Ⅰ. ①读⋯　Ⅱ. ①顾⋯　Ⅲ. ①《周易》—通俗读物
Ⅳ. ①B221-49

中国版本图书馆CIP数据核字（2020）第 048846 号

读《易经》悟为官智慧
DU YIJING WU WEIGUAN ZHIHUI
著　者：顾　易

出 版 人：张晋升
丛书策划：徐义雄
责任编辑：陈绪泉
责任校对：刘舜怡　陈皓琳
责任印制：汤慧君　周一丹

出版发行：暨南大学出版社（510630）
电　　话：总编室（8620）85221601
　　　　　营销部（8620）85225284　85228291　85228292　85226712
传　　真：（8620）85221583（办公室）　85223774（营销部）
网　　址：http://www.jnupress.com
排　　版：书窗设计
印　　刷：广东广州日报传媒股份有限公司印务分公司
开　　本：850 mm × 1168 mm　1 / 32
印　　张：4.125
字　　数：68 千
版　　次：2020 年 5 月第 1 版
印　　次：2020 年 7 月第 2 次
定　　价：30.00 元

总　序

中华优秀传统文化历史悠久，博大精深，魅力无穷，是中华民族的"根"、中华民族的"魂"，是中华文化自信的源头、活水，也是中华民族的精神力量、文化力量和道德力量。而中华经典是中华优秀传统文化的精华与精髓，蕴含着中华优秀传统文化的精神内核、价值取向、道德标识和文化内涵，读懂弄通经典可以启迪人们的思想，让人们增长智慧、升华境界、受益终身。《易经》《论语》《大学》《中庸》《颜氏家训》等书，我过去虽然也读过，但随着人生阅历的增长，又有新的感悟，这就是经典的魅力之所在，让人温故知新，常读常新。现在，我带着思考去读，广泛地涉猎各种版本，进行比较、审问，加以新的概括，收获就更大了。

　　然而，经典毕竟是几千年前的产物，随着时代的进步，有的内涵发生了变化，就要赋予经典新的内涵并加以丰富和发展，这就需要对其进行"现代解读"。这个"现代解读"，就是习近平总书记指出的进行"创造性转化、创新性发展"，具体来说：一是要"不忘本来"，不忘中华优秀传统文化的根源，珍惜、保护和弘扬中华优秀传统文化，维护其根脉，注入时代精神，使其焕发生机和活力；二是要"吸收外来"，以开放的心态，接纳世界优秀的文化，既不妄自菲薄，也不夜郎自大，取长补短，博采众长，借鉴人类共同的文明成果，展现其强大的生命力和独特的魅力；三是要"面向未来"，着眼于造福子孙万代和永续发展，着眼于中华民族的伟大复兴，为未来的发展夯实根基，提供不竭的精神动力和力量源泉。正是基于以上的认识，从几年前开始，我就着手进行"中华经典现代解读丛书"的写作，至今完成了八本，以后还计划再写若干本。

　　解读中华经典的书籍可以说是汗牛充栋，数不胜数，但大多为分段的解释、考证。此丛书有别于其他经典解读读物的地方在于：一是紧扣中华优秀传统文化的精神标识、道德标识和文化标识。我认为这三个标识集中体现为："天下为公"的社会理想、"天人合一"的生存智慧、"民为邦本"的为政之道、"民富国强"的奋斗目标、"公平正义"的社会法则、"和谐共生"的相处之道、"自强不息"的奋斗精神、"精忠报国"的爱国情怀、"革故鼎新"的创新意识、"中庸之道"的行为方式、"经世致用"的处世方法、"居安思危"的忧患意识、"威武不屈"的民族气节、"唯物辩证"的思维方式、"仁者爱人"的道德良心、"孝老爱亲"的家庭伦理、"敬业求精"的职业操守、"谦和好礼"的君子风度、"包容会通"的宽广胸怀、"诗书礼乐"的情感表达。这些精神和思想，跨越时空，超越国度，富有永恒魅力，仍然具有当代价值，为此，我在写作时不会面面俱到，而是集中于某一个侧面，选择一个主题进行解读。二是观照当下，结合当前的现实生活，以古鉴今，增强针对性，指导生活，学以致用，活学活用。三是力求通俗易懂，经典大多比较深奥难懂，为此，必须用现代的话语进行讲解，用讲故事的方法来阐述道理。

　　"中华经典现代解读丛书"的写作，让我重温经典，对我来说是一次再认知、再感悟、再提高的过程，我不仅增长了知识，更为重要的是修炼了心灵，虽然写作的过程很辛劳，但又乐在其中。由于本人能力、水平所限，本丛书一定存在一些缺陷和不足，期待得到读者的指正。

是为序。

作者于广州

2019年10月8日

目　录

引　言

　　《易经》是中国最古老、最著名的一部思想经典，是中华文化的总源头，被称为"群经之首"。它是儒、道、墨、法、兵等诸子百家思想的重要来源，是中华民族的精神瑰宝。

　　《易经》的思想内涵可谓博大精深，历代的政治家、军事家、艺术家、商家都把它作为必修的教科书。《易经》深刻地阐述了中国优秀的文化精神、价值理念、道德准则和处世之道，我们可以从中领悟到中华民族自强不息、厚德载物、居安思危、革故鼎新的民族精神，认识到通权达变、顺应时势、中庸适度的处世哲学，学习到教育之道、用兵之道、革新之道等。对当今社会的各个人群来说，我们可以从《易经》中汲取思想营养、丰润心灵，提升智慧，升华境界，正如孔子所说的"加我数年，五十以学《易》，可以无大过矣"，用《易经》指导生活实践，就能趋吉避凶、趋利避害。

顺性命之理，是以立天之道，曰阴与阳；立地之道，曰柔与刚；立人之道，曰仁与义。"天、地、人浑然一体。

《易经》的内容是非常丰富的，有的用于创立天文历法；有的用于传统中医学；有的用于古式建筑；有的用于二进制和计算机的发明；有的用于破解遗传密码；还有的运用于数学、文学、化学等。至于日常生活就更为普遍了。有的用来占卜吉凶，趋吉避害；有的用于立身处世，完善人格；有的用于经营管理，壮大实力等。每个人各取所需，从中吸取智慧和力量。《易经》其实也包含了许多治国理政的智慧，不但讲了天道、地道、人道，也讲了为官之道。为官之道，主要体现在为官之"位""力""德""能""法（术）"五个方面。

为了帮助大家理解《易经》所讲的相关内容，我对《易经》的基本概念和常识作一个简要的介绍。

《易经》的基本精神："生生之谓易。""易"表现宇宙的生化过程和存在方式。

古语说："易有太极，是生两仪，两仪生四象，四象生八卦。"

易有太极："太"者大也，"极"者远也。"太极"指天地尚未分开，还是一个浑然一体的气团的那个时期，即混沌时期。

是生两仪："两仪"即天地、阴阳。混沌初开，天地分明，由"太极"的混沌时期发展到了"两仪"阶段。

两仪生四象："四象"就是四时。乾坤运转，天地变化，阴阳推移，因而产生了春、夏、秋、冬。

四象生八卦："四象"在天代表春夏秋冬四时，在地表示东南西北四方，于是产生了八卦。

八卦代表了天地间八种物质："雷以动之，风以散之，雨以润之，日以烜之，艮以止之，兑以说之，乾以君之，坤以藏之。"

从下图可以看到时空全息特征的动态宇宙模型。

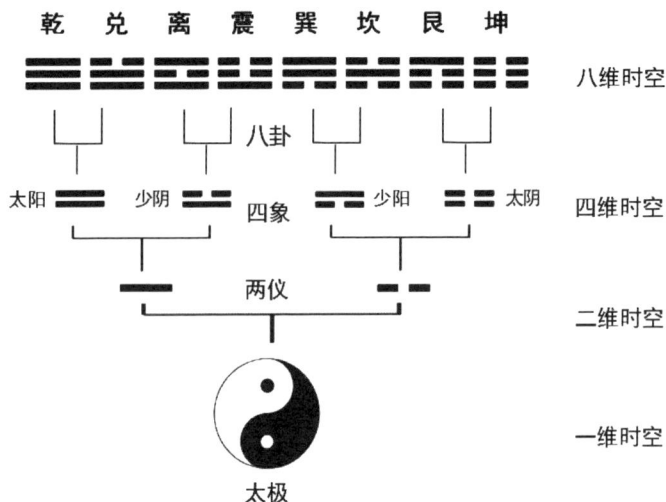

《易经》的几个基本概念：

第一，卦。

《易经》里的卦，即"挂"也，是宇宙间的现象，是一种现象挂在我们眼前，即悬"挂"出来的物象以示人，是万物万象之源。卦有卦象、卦德、卦义。卦象既表征万物，又表征人事。卦德代表人和事物的性质，如乾为刚健、为上进，坤为柔顺、为忍让。卦义为爻辞表述的含义。

第二，爻。

爻，表示"交"，代表易的变化交错，是组成卦的基本单位。为什么"爻"就是"交"呢？这是为了告诉我们宇宙间万事万物，时时都是在交流，不停地发生关系，引起变化。

卦爻由下向上数，共为六爻。

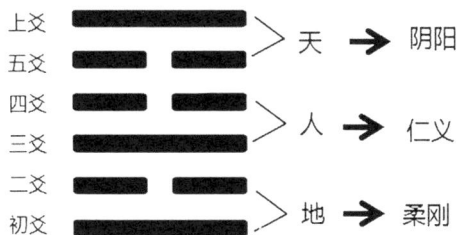

　　第三，《易经》的思维。

　　《易经》是以辩证思维为基调的宇宙代数学，可以称之为灵性思维，包含象数思维、逻辑思维和直觉思维。

　　本书从五个方面，以十个卦为例，讲讲《易经》的为官智慧。

第一讲 读"乾、坤"卦：分清主官、副手，找准自己之"位"

"乾""坤"两卦告诉我们如何当好主官和副手，找准自己之"位"。

《易经》非常重视"位"的概念。

《易经》的卦象讲求当位。所谓当位卦，也称为正卦。卦中六爻，各有其位。一、三、五为奇数位；二、四、六为偶数位。阳爻居奇数位，阴爻居偶数位。否则，为不当位。

上六——阴爻

初五——阳爻

初四——阴爻

初三——阳爻

初二——阴爻

初一——阳爻

六爻之间有承、乘、比、应、中、正的关系。"承"为承上，有烘托之意；"乘"为乘凌，有居高临下之意；"比"有比邻、比肩之意；"应"为相互对应的呼应关系；"中"象征守持中道；"正"象征遵循正道。

凡卦象是当位，则象征遵循正道，符合规律，带来吉祥。相反，就是"失正"或"不当位"，则会带来凶、吝、悔。

位，首先决定了一个人的"职"。职位，决定了一个人的责、权、利，"在其位而谋其政"。《论语·宪问篇》："不在其位，不谋其政。"曾子曰："君子思不出其位。"意思说不在那个职位，就不要谋划那个职位该做的事。君子考虑问题，不要超越自己的身份地位。处于什么样的位，决定了承担什么样的责任，拥有什么样的权力，享受什么样的权利，也决定该干什么样的事。

位，决定了一个人的"势"。官场是一个"金字塔"，职位愈高，其势愈大。通常来讲，位尊者有一种强大的气场，如威严、亲和等。官场讲究服从，下一级听命于上一级。位，决定了一个人拥有多大的资源，有多大的能量。

位，决定了一个人的"权"。居什么位，决定了一个人有多大的权力，谋多大的事。

位，决定了一个人所充当的"角色"。处于什么位置的人，决定了是充当"主角"还是"配角"，须扮演好合适的角色。

位，要求我们当位，防止缺位、错位、越位。

在官场，"位"主要体现在"主"和"副"的关系，即"第一把手"和"第二把手"的关系上，而在现实生活中最难处理的也是"主"和"副"的关系，往往会出现不和谐的现象。读乾、坤两卦，我们会从中得到一些启示。

一、"乾"卦告诉我们要当好一个称职的"主官"

乾卦讲的是天道、君道、王道，也即当好主官之道。《易经》中的卦画、卦辞、象辞、彖辞（论卦义的文字）、系辞对乾、坤两卦的论述是最多的，非常全面地概括了作为主官必须具有的精神、品德、毅力和处世方式。

（一）作为主官必须具有自强不息的精神

作为主官，承担的职责是举旗帜、把方向，率领团队勇往直前，朝着既定的目标前进。这就要胸怀大志，刚毅勇为，自强不息。

从卦名"乾"字看，乾，金文为𠦝，小篆为𩏑，表示草木在太阳的照射下，从土中生长冒出。《说文解字·乙部》："乾，上出也。从乙，乙物之达也，倝声。""倝"为太阳，在天空中起降升落。"乾"象征天、太阳、帝王、领袖、主官，表示日出霞光灿烂，万物进达。《后汉书·郭太传》："吾夜观乾象，昼察人事。"古人还用"乾"指方位和时间，乾位指西北方，乾时则指早上的八点到十点。

从"乾"卦的卦画看，"乾"为六十四卦的第一卦，由六个阳爻组成。卦画为☰，上卦、下卦均为阳卦，三爻皆阳象征天上、地下、人间至阳、至健、至刚。创造万物的伟大的天，亨通顺利成长，祥和有益前进，贞正坚固。"健"为乾卦的卦德。《说卦》："乾为天，为圆，为君，为父，为玉，为金，为寒，为冰……"乾为天、为圆，因为古人以为天圆地方；乾为君、为父，是以乾的地位尊贵而言的；乾为玉、为金，是以乾的质地坚硬而言的；乾为寒、为冰，是以乾的地理位置在西北方而言的。

从"乾"卦的《象》辞看，《象》曰："天行健，君子以自强不息。"象辞指出，天体的运行刚健不已，君子必须效仿天上运行的太阳，永不停歇，执着地追求、进取和奋斗。只有主动发挥人性的潜能，才能成就完美的人格。乾卦的核心精神自强不息、刚强勇毅，体现了中华民族义无反顾、勇往直前、不折不挠的精神和勤劳勇敢的品质，充满乐观向上的心志和奋发有为的信心。

从"乾"卦的卦象看，乾以天、太阳为象征。乾，像太阳那样刚健有为。乾，从日，日指太阳，太阳在天空中运行畅通无阻，无论是风雨雷霆，千变万化，它都东出西落，沿着不偏不倚的轨道运行。"乾"字从早，象征着朝阳朝气蓬勃，奋发有为。《周易集解》："言天之体以健为用，运行不息，应化无穷，故圣人则之。欲使人法天之用，不法天之体，故名'乾'，不名天也。""乾"的特质首先表现为一种刚毅、执着、坚韧不拔的精神。这种精神是中华民族精神的核心，是一种积极进取的人生态度。

乾音近强音，乾也就是刚强。因此，乾体现的是一种不屈不挠的精神和毅力，一种有所作为的人生态度，一种向上向前的正能量。在人生的道路上，总是有坎坷、有波折，不可能一帆风顺，但不管遇到什么困难和挫折，只要心中有朝阳，就一定能够挺过去，就不会悲观、消沉，就能勇往直前，克服种种困难。

历史上有"卧薪尝胆"的故事，正是这种自强不息的精神的写照。

公元前496年，吴王派兵攻打越国，被越王勾践大败，吴王也受了重伤，临死前，嘱咐儿子夫差要替他报仇。

过了两年，夫差率兵大败越国。于是越王勾践派大臣文种贿赂吴国宰辅伯嚭，让他劝说夫差，只要能保全越国，越国人甘做附属国，男的当吴王的奴隶，女的当吴王的小妾。夫差于是没有灭亡越国，把军队撤回了吴国。

吴国撤兵后，勾践带着妻子和大夫范蠡到吴国伺候吴王，献上奇珍异玩、美女歌姬，勾践夫妻放牛牧羊，一副俯首帖耳的样子。一次，吴王夫差生病，勾践为了解吴王病情，甚至品尝夫差的粪便，终于赢得了吴王的欢心和信任。三年后，他们被释放回国了。

勾践回国后，立志发愤图强，准备复仇。他晚上就枕着兵器，睡在稻草堆上，还在房子里挂上一只苦胆，每天早上起来后就尝尝苦胆，安排门外的士兵每天问他："你忘了三年的耻辱了吗？"然后自己立即回答："不敢忘。"他派文种管理国家政事，范蠡管理军事，他亲自到田里与农夫一起干活，妻子也纺线织布。勾践的这些举动感动了越国上下官民，经过十年的艰苦奋斗，越国终于兵精粮足，转弱为强。

　　读懂《易经》首先要搞清楚什么叫"易"。

　　对于"易"的含义，古往今来，众说纷纭。郑玄《易论》说："易一名而含三义：易简一也；变易二也；不易三也。"东汉魏伯阳《周易参同契》："日月为易，刚柔相推。"认为"易"为阴阳之道。东汉许慎《说文解字》："易，蜥易，蝘蜓，守宫也。"认为"易"字来源于蜥蜴，即"日"为头，"勿"为足之形。又因蜥蜴皮肤之色善变，故易又引申为变易。以上之说，均有一定的道理。《系辞传》说："知周乎万物"，这是说《周易》的智慧来自万民，同时又能济助万物。

　　笔者认为，易者，乃日月运行规律和人道准则。易的小篆从日、从月，日为太阳，月为月亮。日月按照一定的轨道运行，太阳起于东隅而西落桑榆，月亮朔日亏而望日盈，日升月落，昼夜交替，阴阳相推，有序运行，亘古不变。和大自然一样，任何事物都经历了生发、强壮和衰落的过程，人也如此。易者，告诉我们这就是规律，是不以人的意志为转移的规律，顺者则昌，逆者则亡。易，阐述了天道规律和地道法则，从而推演出人道准则。孔子说："昔者，圣人之作《易》也，将以

　　吴王夫差自从战胜越国后，以为没有后顾之忧，从此沉迷美色，过着骄奢淫逸的生活。他不顾人民困苦，经常出兵与其他国家打仗。他还听信伯嚭的谗言，杀了忠臣伍子胥。这时的吴国，已经外强中干。

　　公元前482年，夫差亲自带领大军北上，与晋国争夺诸侯盟主，越王勾践趁吴国精兵在外，突然袭击，一举打败吴军，杀了太子友。夫差听到这个消息后，急忙带兵回国，并派人向勾践求和。勾践估计自己的力量暂时灭不了吴国，就同意了。公元前478年，勾践第二次亲自带兵攻打吴国。这时的吴国已经是强弩之末，根本抵挡不住越国军队，屡战屡败。最后，夫差又派人向勾践求和，勾践不再答应。夫差见求和不成，非常羞愧，就拔剑自杀了。

　　今天，我们从"乾"卦中可以看到，主官作为一个团队的核心人物，作为主心骨，首先必须具有远大理想，有雄心壮志，并为实现目标而不懈地奋斗。"功崇惟志，业广惟勤"，无志不足以远行，无勤则难以成事。俗话说，心有多大，世界就有多大。思想有多远，行动就有多远。习近平总书记说，"幸福都是奋斗出来的"，只有艰苦奋斗才能成就伟业。梦想加奋斗是"乾"卦对主官提出来的第一个要求。

（二）作为主官必须具有高尚的品德

自强不息的奋斗精神是主官的精神动力，而高尚的品德则体现了主官的人格魅力。乾卦的卦辞首先强调的是"元、亨、利、贞"四德。《文言》曰："元"者，善之长也；"亨"者，嘉之会也；"利"者，义之和也；"贞"者，事之干也。君子体仁，足以长人；嘉会，足以合礼；利物，足以和义；贞固，足以干事。君子行此四德者，故曰：乾，元亨利贞。

这段话翻译成白话文是："元"是仁善之首；"亨"是美好的会合；"利"是义理的统一，"贞"是干事的根本。君子践行仁德，可以受人尊敬；美好的会合，是以符合礼制；施利于他人，可以合于道义；坚定守正，就可以干成事业。君子就是要做到这四种德行的人，所以说，乾，初始，道达，适当，正固。

《文言》中讲："君子进德修业。忠信，所以进德也；修辞立其诚，所以居业也。知至至之，可与言几也；知终终之，可与存义也。是故居上位而不骄，在下位而不忧。故乾乾，因其时而惕，虽危无咎矣。"

　　这段话翻译成白话文是："君子应该增进德行，建立功业。做到忠诚而信实，由此可以增进德行；修饰言辞以确保其诚意，由此可以累积功业。知道时势将会如何来到，就设法使之来到，这样才可以与他谈论几微之理；知道时势将会如何终止，就坦然让之终止，这样才可以同他坚守正当作为。因此，处在上位而不骄傲，处在下位而不忧愁。所以能够勤劳不休，按所处的时势警惕自己，这样即使有危险也不会有灾难啊。"

　　概括以上的论述，作为主官必须有如下的品德：

　　一是仁善之德。"元者，善之长也。"善是天之初始，也是一个人首先必须具备的本性，所谓"人之初，性本善"。

　　仁厚之心，是为官者最基本的要求，即具有家国情怀、人民情怀。思想家孟子在孔子仁说的基础上，提出了著名的仁政说。他认为人皆有仁爱之心，即怜悯同情之心，主张"以不忍人之心，行不忍人之政，治天下可运之掌上"，"亲亲而仁民，仁民而爱物"，其实质就是爱民，使人民安居乐业。《庄子·天地》中说："爱人利物谓之仁。"康有为说："仁者，在天为生生之理，在人为博爱之德。"

你对别人所做的，其实也是对自己所做的。生命是一种循环和回报，你把善良给了别人，终会从别人那收获善意，这是善的因果链条。而为官者，要把对亲人的仁爱扩大至他人。

春秋时期的晏婴是齐国的名相。有一年冬天，齐国连下三天暴雪，许多百姓冻死，哀鸿遍野。齐景公在王宫里欣赏雪景，还对觐见的晏子说："好奇怪啊！大雪连下了几天，一点都不冷。"晏子沉下脸说："陛下觉得不冷，是因为您身上有裘皮大衣，室内有炉火取暖，可是宫外已经有很多人冻死了。我听说，贤明的君王，在吃饭时总记得有人在饥饿中，身着锦衣的时候总念着有人在受冻，悠闲的时候也总想着百姓的劳累。"齐景公羞愧地低下头，他连忙命人给灾民们派发衣服食物。晏婴心怀仁爱，劝谏国君望雪思民、赈灾救急，深得百姓爱戴，也深受后人敬仰。

仁厚之心是以民心为己心，把百姓的冷暖放在心头，解百姓之忧，乐百姓之乐。这就是我们今天所说的以人民为中心的工作导向，一心为民，多做利国利民的实事。

二是循礼之德。"嘉会，足以合礼。"在一个团队中融洽相处，关键是以礼相待。即按规则办事，以礼待人。官场都有一套规则，必须按规矩"出牌"，否则容易乱套。

循礼最基本的要求是以礼待人，以理服人。礼是一个人立身处世最基本的要求。礼节作为人与人之间的交往规范，不仅能有效减少彼此之间的摩擦，还有利于彼此之间的交流，提高彼此之间的信赖与信任。无论做任何事情，都少不了相应的礼节。主官在理政办事中，也要讲礼。无论与什么人打交道，都要看清场合，分清关系，需以最切合的礼节来对待，以此建立和谐的人际关系。

主官身处上位，要做到"居上不骄"。对下要给予关爱，与下级进行交往时，切不可居高临下，推过揽功。要善于"礼贤下士"，尊重下级的人格；要善于体谅下级，重视双方的沟通；要善于关心下级，支持下级的工作。

主官要努力做到"三不做"：

一不做"保姆"。很多下属，尤其是官场新人，在

你的眼中可能有点　"笨"，对你来说，似乎只是一点点小事，可放他那儿却能花上几天，甚至数周才能完成。有时候，你可能会想：算了吧，还是我自己来吧。这就错了。假如大事小事自己都包揽了，那么下属干什么？况且凡是新人都有一个历练的过程，要放手让他们去做，通常是讲目标，提要求，重结果，至于如何做，让他自己去摸索和学习，可以指导，但不包揽。这样，既有利于自己从琐碎的事情中解放出来，也有利于下属的成长。

二不做"家长"。领导关心下属，让组织生活更人性化，这是好的，但不能与下属过于亲密，尤其是男女之间更要保持一定的距离。但凡领导，就要有权威。权威在很多时候要求"令行禁止"，没多少感情可讲，是基于事实和工作需要的理性要求。而过于亲密的感情，很多时候会成为决策实施的阻碍。

三不做"施工员"。所谓"领导"，其核心意义在于"领路"和"引导"，你所抓的是大方向和工作的结果。也许你是某方面的专家，但未必是所有工作的专家。因此，面对工作，知道最终要求的结果和进程如何就够了。至于中间的过程，则谨慎插手，以免犯了外行领导内行的错误。专业的事，交给专业的人来办。领导的主要作用是领导人、领导事，而非直接做事。一个称职的领导，不当"施工员"，而要当好"指挥员"和"监督员"。

此外，还要注重服饰美（穿着应整洁大方）、讲求语言美（用语适当，讲究分寸）、学会交际美（善于和下级打交道）、实践行为美（以身作则，注重形象），这是为官所应遵守的工作礼仪。

三是和气之德。"利者，义之和也。"和，其实就是一种亲和力，各种人才都能为我所用，各种不同秉性的人都可以聚合在一起为我所用。"义之和"就是用道义把大家聚合在一起。在这方面，刘邦可以说是一个典范。刘邦曾经说："运筹帷幄之中，决胜于千里之外，我不如张良；管理国家，抚定百姓，筹集运输军需给养，我不如萧何；统率百万之军，战必胜，敌必克，我不如韩信。这三位，都是天下人杰，而我能任用之，这就是我取得天下的原因。"

刘邦有和气之德，他目标远大且坚定，善于运用资源和他人的智慧，他知道手下的人要什么，就给予他们什么。

他非常重视人才，月夜追萧何、拜印韩信都是千古佳话。他对人才给予高官厚禄，赐土封侯。军事上重用韩信、樊哙这些能征善战之人，谋略上信任张良、陈平、刘敬这些资深谋士，后勤上依赖萧何。

很多人也许会说，这些人都是人杰，辅佐谁，谁都会得天下。但是前提是面对这些外部资源，要识别出这些人才，还要舍得放权让利，给予充分信任，能做到这些很难。刘邦既用人之所长，又容人之所短，成为团队中的核心人物，根本的原因就在于有"和气之德"。

四是实干之德。"贞固，足以干事"，坚贞正固就能干成事业。这就是勇于担当，敢于负责。"为官避事平生耻"是一句古话，指为官从政以敷衍塞责、怕事躲事为耻。为官从政，就意味着要承担义务和责任，而职位越高，责任也越大。所谓"为官即为民，有责当尽责"，为官者必须时刻以"为民""尽责"的标准严格要求自己，绝不能为"懒政""为官不为"找任何借口，应时刻谨记全心全意为人民服务的职责，并为之付出实际行动。为官从政必须具有责任感，这是一个社会健康运行和不断发展的基础条件，不仅关乎个人得失，更关乎社稷发展、百姓福祉。假如为官者缺失责任心和责任感，抱着"事不关己，高高挂起""不求有功，但求无过"的心态，为了不担或少担责任而"避事"，结果必然是错失良机、延误发展，辜负百姓的信任与期待。

坚贞正固以干成事业，就是对事业的忠诚，要秉持有功不必在我，功不必在今的胸怀，不尚空谈，干实事，干成事。

（三）作为主官必须具有超凡的统御能力

"乾"卦《文言》中说："君子学以聚之，问以辨之，宽以居之，仁以行之。"

意为君子努力学习以积累知识，向人请教以辨别是非，以宽容的态度处世，以仁爱之心行事，即学、问、宽、仁。

以上这段话是对君子、主官的才能方面的要求，概括起来就是要具备如下的能力：

一是学习能力。自古以来，中华民族就有热爱读书的好传统、好习惯，古人云"宁可三日食无肉，不可一日居无书"。苏轼则立志：发愤识遍天下字，立志读尽人间书；毛泽东更是感慨：饭可以一日不吃，觉可以一日不睡，书不可以一日不读。对个人而言，读书可以修身养性，陶冶情操，提升自我；对社会而言，读书可以传承文明，改善民风，弘扬正气；对于国家而言，读书可以传承民族文化，增进国际交流，促进国力提升。

习近平总书记是一个学习能力很强的人，他在学习方面为我们树立了榜样。他说："我爱好挺多，最大的爱好是读书，读书已成为我的一种生活方式。"

近几年，习近平总书记在国内外不同场合，不止一次讲述过他的读书故事，在演讲中引经据典、信手拈来，让听者叹服。无论在哪里演讲，习近平引经用典都让人印象深刻，当中有很多是作家、思想家的话。在巴西，他引用作家保罗·科埃略的名言："世界掌握在那些有勇气凭借自己的才能，去实现自己梦想的人手中"；在阿根廷，他引用阿根廷史诗《马丁·菲耶罗》中的话："兄弟之道是团结同心"；在韩国，他引用该国古代诗人许筠写下的诗句"肝胆每相照，冰壶映寒月"。每次出访演讲，都以大量诗文贯穿始终，发出文化强音，展示中国形象，而这一切，都来源于他的博览群书。

读书这个爱好，伴随着习近平从梁家河村的窑洞到清华大学的学堂，从正定到福建，从浙江到中央，读书已经成为他的一种生活方式，日积月累，逐渐成为他治国理政的大智慧。

读书的意义是很大的，读书可以让人滤除浮躁，丰富知识，纯洁灵魂，坚定信念，明辨是非，提升才华，修身养性。

今天，学习能力是为官者最基本的一种能力。随着科学技术的飞速发展，人类知识的快速发展，一天不学习就会落伍，就会出现"本领恐慌"。学习能增长才干，丰润心灵，应该成为生活中不可缺少的重要内容。

一方面，据联合国教科文组织的研究，18世纪时知识更新周期为80～90年；19世纪到20世纪，知识更新周期缩短为30年；20世纪70年代，一般学科的知识更新周期为5～10年；到了二十世纪八九十年代，许多学科的知识更新周期缩短为5年；进入21世纪，这个周期已缩短至2～3年。

另一方面，当前知识"裂变"速度"一日千里"，有人测算，1950年以前知识的半衰期为50年；21世纪，知识的半衰期平均为2～3年。由此可知，一个人假如不学习或者停止学习的时间太长，就会落后于时代，为时代所淘汰。

习近平总书记提出过"蓄电池理论"：人的一生只充一次电的时代已经过去，只有成为一块高级蓄电池，进行不间断的、持续的充电，才能不断地、持续地释放能量。"学以聚之"，就是要增强自己的学识、学养，厚积薄发，才以配位。

提高学习能力首先是要善于向书本学习，博览群书，特别是要读通中华经典。要"学思践悟"相结合，"博专"结合。朱熹是南宋时期著名的哲学家、教育家，他强调读书穷理，认为"为学之道，莫先于穷理；穷理之要，必在于读书"。他的弟子汇集他的训导，概括归纳出"朱子读书法"六条，即循序渐进（读书要按照一定的次序，有系统、有计划地进行）、熟读精思（读书要从反复诵读入手，做到学与思的结合，力求透彻理解和领悟，牢固记忆和掌握）、虚心涵泳（读书要有虚心的态度，仔细揣摩，多方验证，才能明辨是非，解决疑难）、切己体察（读书要联系实际来理解，切不可固执己见）、着紧用力（读书要勤奋，舍得下功夫）、居敬持志（读书要有纯净专一的心境和远大的志向）。这"六条"不是孤立的，而是相互联系地、有机地结合在一起的，有内在的逻辑，是一个完整的读书、求学、进业的程序和步骤。可以说"朱子读书法"是我国古代最系统的读书法。

提高学习能力，要注意向他人学习。"见贤思齐"，以他人身上的长处补己之短，学习他人的思维方式、工作方法和优良品德。

提高学习能力，要向实践学习，善于从实际工作中吸收经验、教训，即"吃一堑，长一智"，善于反省、总结和提升。

二是问辨能力。也就是明辨是非、博采众长的能力。《易经》讲："问以辨之。"作为主官，主要的任务是作决策，在作决策时，要善于集思广益，综合平衡，辨别是非，作出正确的决策，这就是古代的所谓纳谏。

纳谏是古代君王作决策之前的一个重要环节。唐太宗李世民曾说："人言魏徵举动疏慢，我但觉妩媚。"魏徵是著名的"犯颜直谏"的大臣，他说的话既难听又刺耳。比如，太宗得到了一只上好的鹞鹰，把它放在自己的肩膀上玩耍，但当他看见魏徵远远地向他走来时，便赶紧把鸟藏在怀中，生怕魏徵喋喋不休地教训他，魏徵故意奏事很久，致使鹞子闷死在怀中。这样的臣子，唐太宗不觉厌恶，反而用形容女性的词汇"妩媚"来评价魏徵，足见内心的喜爱程度了。

魏徵去世时，唐太宗沉痛地说道："夫以铜为镜，可以正衣冠；以史为镜，可以知兴替；以人为镜，可以明得失。魏徵没，朕亡一镜矣！"

提高问辨能力，首先在于谦虚，放低身段，虚怀若谷，乐于听取意见，甚至听取与自己的意图不相同的意见。主官在作决策时，可能考虑不够周到，不同意见正是完善决策的好建议。为此，要放下架子不耻下"问"。

提高问辨能力，要善于辨别是非对错。"公说公有理，婆说婆有理"，每个人都有自己的见解和看法，如何采纳就有一个"辨"的问题，这就要作出正确的判断。项羽将刘邦围困在河南荥阳时，刘邦非常担忧，谋士郦食其主张以汉王名义复立六国的王族后代，以此获得六国后裔势力的支持与项羽抗衡，刘邦同意了。在这关键时候，张良外出归来，拜见刘邦。刘邦一边吃饭，一边把实行分封的主张说与张良听，并问此计得失如何。只见张良伸手拿起酒桌上的一双筷子，连比带画地讲了起来。张良"借箸画策"，深刻阐明复立六国之后的严重危害——封土赐爵固然是一种有吸引力的奖掖手段，赏赐给战争中的有功之臣，用以鼓励天下将士追随汉王，使分封成为一种维系将士之心的重要措施，但其弊端更大，会让六国死灰复燃，刘邦也将因此而失去天下。刘邦听罢茅塞顿开，恍然大悟，以致辍食吐哺，大骂郦食其："臭儒生，差一点坏了我的大事!"然后，下令立即销毁已经刻制完成的六国印玺，从而避免了一次重大战略错误。

提高问辨能力，要善于择优综合。这就是在多种不同意见中，发现每一个"亮点"，发现有价值的东西，善于吸收，完善自己的设想。当然，这也包括常用的"平衡艺术"。

三是顺势能力。这就是顺应时势，把握大势，利用局势的能力。作为主官应当具备高瞻远瞩的能力，站得高，看得远，目光远大，器识超凡。

高瞻远瞩的政治家，往往能够从纷繁陆离的政治现象中找到最本质、最关键的问题，不计较一时一事之得失，牢牢把握事物发展的方向和趋势，权衡利害，作出正确的考虑，使事情向着好的方向发展，切不可得小利而吃大亏。

春秋战国时期，晋献公想从虞国借路征伐虢国。他的大臣荀息说："君王您就以垂棘的璧玉和屈产的良马作为礼物，献给虞公，请求在那里借路吧。"晋献公说："垂棘的宝玉，是我们去世君主的宝贝；屈产的良马，是我们的骏马。如果接受了我们的礼物，又不借路，该怎么办呢？"荀息说："他不借路给我们，必然不敢接受我们的礼物。如果接受了我们的礼物而借了路给我们，那等于是把宝贝从内府中取出来放进外府，马就像是从内厩中牵出来系在外厩中。主公您不用担心。"晋献公说："好吧！"于是派荀息用垂棘的璧玉和屈产的良马，作为礼物赠送虞公而请求在虞国借路。

虞公贪图宝玉与良马的便宜，想答应晋国的请求。宫之奇劝谏说："不能答应。虞国有虢国，就好像牙床外面有脸颊骨。颊骨倚靠着牙床，牙床也依仗着颊骨，这正像是虞虢两国的关系。如果把路借给晋国，那么虢国早晨被灭亡，虞国紧跟着晚上也就灭亡了。这是不可以的。希望不要答应他们。"但是，虞公不听，最终把路借给了晋国。荀息征伐虢国以后，果然攻克了虞国。

荀息牵着马，拿璧玉向晋献公报告。晋献公很高兴地说："璧玉仍然是老样子，马的牙齿却长了几颗了。"

晋献公假途灭虢之所以得逞，正是利用了虞公的贪婪之心。这就像是姜子牙谆谆教导周文王的"钓鱼之术"：

"以饵取鱼，鱼可杀；以禄取人，人可竭；以家取国，国可拔；以国取天下，天下可毕。"

意思是说：以诱饵做资本，可以杀死鱼；以名利做资本，可以获得人才；以家业做资本，可以取得国家；以国家做资本，可以取得天下。

人由于贪图眼前的近利，往往都会患上"近视眼"，小则害己，大则害国。

从这个意义上讲，高瞻远瞩的实质在于：明于利害。见利忘义不是最可怕的，最可怕的是见利忘害。见利忘害的人，就像被鱼钩戳破嘴巴、任凭渔夫宰割的脱水之鱼。明于利害，才能放弃眼前小的利益，远离隐藏在这小的利益后面的无穷祸患。

提高顺势的能力，要有战略眼光，对全局了然于胸。在这方面诸葛亮可以说是一个富于远见和善于把握时势的人。

汉末时代，天下大乱，群雄割据，世事扰攘，形势扑朔迷离。诸葛亮以布衣之身，"躬耕南阳"，但他心怀大志，身在山中，胸怀天下，不断研究思考世事，对时局有一个清晰的判断。他感于刘备的知遇之恩，为刘备量身定做了兼弱攻昧的策略，提出了著名的"隆中对策"。首先，他对天下大势进行了全面准确的观察及分析，对各种政治势力的现状及其联合分化的趋势，作出正确的估计，制定出积极稳定的战略方针和行动方案，变不利为有利，以弱小变为强大。事实证明，诸葛亮联孙抗曹，夺取荆州、益州为基地，然后出兵夺取中原的谋略完全合乎客观形势的演变，终于使刘备三分天下有其一，形成了"三国鼎立"的局面。

顺应时势，在今天看来，关键在于看到"时代"之势，看到人民的期待与愿望；在于顺应时代潮流之势，与时代同步，"苟日新，日日新，又日新"；在于顺应现代科技的发展趋势，运用好科技手段，不为时代所淘汰。

作为主官，在处世时应遵循以下四不原则：总揽不独揽，宏观不微观，决断不武断，放手不放任。

（四）作为主官必须经历"与时偕行"的历练过程

《文言》的第七部分讲："夫大人者，与天地合其德，与日月合其明，与四时合其序，与鬼神合其吉凶，先天而天弗违，后天而奉天时。天且弗违，而况于人乎？况于鬼神乎？"

　　意思是说：大人物的道德与天地功能相吻合，他的智慧与日月的光明相结合，他的行事作风与四时的秩序相配合，他的赏罚与鬼神的吉凶报应相符合。他的行动先于天的法则，天的法则不会违逆他。他的行动后于天的法则，他就会顺应天的法则的时势。天与地的行为尚且是一致的，何况是人？更何况是鬼神呢？

　　乾卦的六爻是这样的：

　　初九，潜龙勿用。

　　九二，见龙在田，利见大人。

　　九三，君子终日乾乾，夕惕若，厉，无咎。

　　九四，或跃在渊，无咎。

　　九五，飞龙在天，利见大人。

　　上九，亢龙有悔。

　　在卦辞里，乾，用"龙"作为意象。"龙"是九五至尊，"龙"的本性是不张扬，不为世俗所左右而改变志向，龙要成长为"飞龙"，既要有坚定的意志，也要刚柔相济。这里，描述了主官成长过程的六个阶段：

　　一是"潜"。潜龙的品性是能大能小，能屈能伸，能隐能显，精力充沛，充满阳刚之气。但要潜心学习，广施德泽，积蓄力量，审时度势，等候时机的到来。

"潜龙勿用"是因为时机不成熟。具有龙的德行而隐遁的人，不会为了世俗而改变自己，也不会为了名声而有所作为，避开社会而不觉苦闷，不被社会承认也不觉苦闷。别人乐于接受，他就推行主张；别人有所疑惑，他就自行退避。他的心志是坚定而无法动摇的，这就是潜伏的龙啊。

在"潜"的阶段不要张扬自己的远大志向，以防止引起他人的妒忌，提防竞争对手的打击；在"潜"的阶段，主要是积累自己的知识、经验、学识，等待时机的到来；在"潜"的阶段，要以自得其乐的心志蓄势待发。

二是"现"。"见龙在田"是说看见"龙"在其工作岗位上勤勉、努力地辛勤耕耘。这个时候，时机到来了，要一展身手，实现自己的抱负。

孔子曰："龙德而正中者也。庸言之信，庸行之谨，闲邪存其诚，善世而不伐，德博而化。"

这段话的意思是说，具有龙的品德而又能保持中正的人，说话守信用，做事谨慎，防范恶意的诽谤影响自己的信誉，以美德利天下，不争不伐，以博大的道德感化世人。

这是开始做事的阶段，要保持中正，讲信用，而且要小心谨慎，由于要有所作为，难免会得罪人，还会招来诽谤，"言必信，行必果"，为善世而不夸耀，夹着尾巴做人，埋头苦干。

清初皇太极的股肱重臣范文程，是北宋名臣范仲淹之后，早年为大明官员，努尔哈赤南下，范文程沦身为奴。皇太极登基后，范文程遇到人主，一鸣惊人。上疏言天下，定计取中原，收民心，免田赋。一生历经清朝四世而佐其三主，立下不世之功，这就是"见龙在田，利见大人"。

三是"惕"。卦辞说："君子终日乾乾，夕惕若，厉，无咎。"这是说当事业顺利发展之时，仍要常怀戒慎警醒之心，直至黄昏也要审慎自己的言行得失，这样，即使遇到麻烦，也能逢凶化吉。

人在事业顺利发展之时，容易忘乎所以，沾沾自喜，踌躇满志，这是要防止的，应该"终日乾乾，夕惕若厉"，小心谨慎，循正道去奋斗。不因处在上位而骄傲，也不因处在下位而忧愁。

四是"跃"。卦辞说："或跃在渊，无咎。"这是向上跳跃而不是飞腾，若能得到君子的赏识重用，则尽心相报，若不为所用，则退而蓄养才德。这样，才不会有过错。这是能上能下的功名观，面对能"上跃"却"仍在渊"的处境时，要保持平常心态。

孔子说："上下无常，非为邪也。进退无恒，非离群也。君子进德修业，欲及时也，故无咎。"意思是说："上去或下来没有一定，但不是出于邪恶的动机。进退也没有一定，但不会离开自己的同类。君子增进德行与建立功业，都要把握好时机，所以没有灾难。"

在这个阶段，"跃"是一个跨越，这个"跃"，也许成功，也许失败，不管如何都不能离开自己团队的支持。同时，也要把握好时机，进退自若。

五是"飞"。卦辞曰："飞龙在天。"这时君子大显身手的时机已经成熟，是"龙"起飞最佳的位置和时机，此时要展现自己的才华，干一番大事业。

孔子说："同声相应，同气相求。水流湿，火就燥。云从龙，风从虎。圣人作而万物睹。本乎天者亲上，本乎地者亲下，则各从其类也。"

意思是说："声调相同就会相互呼应，气味相同就会相互吸引。水会流向潮湿的地方，火会烧向干燥的区域。云随着龙而浮现，风跟着虎而飘动。圣人兴起，引来万物瞩目。以天作为本类的事物会亲近天，以地作为本类的事物会亲近地，万物都是各自随着自己的群类。"

在"飞"的这个阶段大显身手，做一番事业，关键是要依靠团队的力量。这个团队同声相应，同气相求，团结一心。之所以能"飞"，不要以为是自己的翅膀硬了，更重要的是有一群帮手。俗话说："一个好汉三个帮。"自己纵有天大的本事，没有团队的支持也是很难成就大事业的。

六是"亢"。卦辞曰："亢龙有悔。""亢"是极度、过甚。刚进有才之士，要谨防功高盖主、权势过大而引来灾祸。为什么"亢龙有悔"呢？孔子说："贵而无位，高而无民，贤人在下位而无辅，是以动而有悔也。"意思是说：地位尊贵却没有职位，高高在上却失去百姓，贤人居下位而无法前来辅助，所以他一行动就会有所懊悔。

《文言》对此也作了阐释："亢之为言也，知进而不知退，知存而不知亡，知得而不知丧。其唯圣人乎？知进退存亡，而不失其正者，其唯圣人乎？"所谓亢，是指知进忘退，知存忘亡，知得忘失。能够考虑到进退存亡，并且不失正道，大概只有圣人能够做到吧。

作为君王、主官，随着年龄的增长，不论是智力和体力都有所衰退，这个时候就要急流勇退，防止难以胜任。老子说"功成身退"，在现实中，功成身不退的大有人在。有些人自以为是，骄傲自满，骄奢淫逸，结果必然走向衰落。有些人因贪恋官位、名位而不懂进退之道，最后，成为众矢之的，下场可悲。一个人已经达到人生事业的最顶峰，高处不胜寒，应该往下走了，考虑身退了，切莫贪恋权势、享乐和私利，若赖在高位昏庸处事，则随时都会从高位摔下来。

乾卦告诉我们，刚强、执着、奋斗必须以实力来支撑，没有实力而争强好胜，必然碰得头破血流；刚强有为也要把握时机，机遇垂青于有准备的人，机遇来时要奋勇一搏；刚强有为要懂得进退之道，功成身退才是保全之道。

二、"坤"卦告诉我们要做一个称职的"副手"

"坤"卦讲的是地道、副手之道，是柔顺之德，有生成化育之功。做一个合格的副手，"坤"卦说的要求主要有如下几个方面：

（一）作为副手必须摆正自己的"位"

从卦名"坤"字看，小篆为**坤**。异体字为"堃"，从土，申声。"土"为土地；"申"通"伸"，指舒展、伸展，能上能下，自由伸缩。"申"是"田"字上下出头，意为大地包容万物、滋养万物、哺育万物，万物都在辽阔的土地上自由生长、伸展、成熟。《说文解字》说："坤，地也，易之卦也。""坤"的本义为地。如坤元，指大地滋生万物之德；坤珍，象征大地的福瑞；坤轴，指想象中的地轴；坤维，指大地的四方；坤仪，指大地。坤也用为女性或女方的代称，如坤表指女表，坤鞋指女鞋，坤旦指旦角；坤宅指连襟中的女方家宅。古人以八卦定位，西南方为坤。"乾坤"两字往往连在一起，指天地，如成语"乾坤一掷""扭转乾坤""乾坤再造"等。

从卦画看，坤卦为六十四卦的第二卦，由六个阴爻组成，卦画为䷁，六爻纯阴，代表天上、地上、人间至柔、至顺。象征地，地载万物，也可以使万物归隐，所以，坤有归藏的意义。君子当师法地道，厚德载物，顺从守正。《易·说卦》曰："坤，顺也。""坤为地、为母、为布、为釜、为吝啬、为均、为子母牛。"

坤卦的卦象象征大地，象征母性，所以自然、温顺、阴柔、顺从也便是坤卦的卦德了。

卦辞曰："坤，元亨，利牝马之贞。君子有攸往，先迷，后得主，利西南得朋，东北丧朋，安贞吉。"

意为坤卦，初始亨通，利于像母马那样保持温顺的德行。君子有所行动，起初会迷失方向，后得到主人，则在西南方向可以得到朋友，在东北方向则丧失朋友。安于正道则会吉祥。

《彖》曰："至哉坤元，万物资生，乃顺承天。 坤厚载物，德合无疆。 含弘光大，品物咸亨。 牝马地类，行地无疆，柔顺利贞。君子攸行，先迷失道，后顺得常。 西南得朋，乃与类行；东北丧朋，乃终有庆。安贞之吉，应地无疆。"

翻译成白话文是：至大无际啊，坤元的始生！万物都依赖它得以生成，你顺应着、秉承着天道。大地敦厚负载万物，品德博大没有边际。包容无限而广大，各类事物都因你而亨通。牝马属于大地的生物，驰骋四野没有疆界，阴柔温顺守持正固。君子行动之始都会迷失方向，随后便会顺从恒常法则。西南得朋，是与志同道合者一同前往；在东北方丧失朋友，最终得到喜庆。安于正道的吉祥，是与无边无际的地道相应。

　　这是一首"大地"的赞美诗。大地有宽厚博大的胸怀，它为万物提供了养分而默默无言，为人类贡献了资源而不求回报；大地有柔和顺应的风度，遵循本心，顺应自然。健顺有度，进退适时。大地有成人、达人的美德，成就他人，成就自然。自强不息是自立之道，厚德载物是立人之道，既成就他人，也成就自己。坤卦处于从属地位，宣扬了顺从、内敛、内秀、谨慎、谦逊的品格，颂扬了博大、宽厚的胸怀，揭示了当好一个配角必须具有的品德。

　　《象》曰："地势坤，君子以厚德载物。"意思是像广袤的大地滋养万物一样，用宽厚的德行去承载众人。坤卦寓意：君子当厚德载物，宽容博大，顺从守正。

　　坤卦象征着大地，象征着臣子，象征着配角、副手，象征着母性，一个优秀称职的副手当然要具有德、能、勤、廉，但由于所处的角色所决定，必须有大地的品格，具有厚实、宽广的胸怀，具有忠诚、顺从、任劳任怨的品质，雷厉风行、埋头苦干、不事张扬的作风，这是为臣之道、配角之道。

"坤"卦卦辞，用六："利永贞。"《象》曰："用六永贞，以大终也。"意思是坚守正道、永远忠贞，可以得到大的善终。周公可以说是一个典范。

灭商后第二年，武王病重。武王在临终前把王位传给有德有才的周公，但周公不肯接受。武王死后，太子诵继位，是为成王。成王不过是个十多岁的孩子。面对国家初立、百废待兴、内忧外患的复杂局面，成王是难以担当这一重任的。

在这个关键时刻，周公挺身而出，君临天下，治理国家。其实他并不想当天子，只是想尽一个臣子最大的忠心，等成王长大，国家局势稳定后，再把王位还给成王。

周公在称王期间，平定了"三叔"之乱，并且在姜子牙的配合下，东征扫平了殷纣余党，从而巩固了中央政权。成王长大后，周公把王位还给了成王，自己又退回到臣子的位置上继续称臣，这便是"永贞"。周公死后，成王把他葬于文王的墓旁，以示不敢以周公为臣，以表达一个君王对忠臣的无限敬意。

作为一个副手，最关键的就是要明白自己的位置是顺从，是忠诚，是配合，是执行，是落实。假如有野心，不甘居下位，处处与主官作对，必然会分道扬镳，结果是两败俱伤。

（二）作为副手必须具有大地之德

坤，像大地那样具有包容万物的胸怀。坤，从土，土就是土地、大地。由于土载万物，也可以使万物归隐，所以，坤卦有归与藏的意思。由于母亲是慈祥和温柔的，母牛是温顺而任劳任怨的，布是柔软的，大众的本性是顺从，坤卦也象征母亲、母牛、布、众人等。自然、温顺、阴柔、顺从是坤卦的特质。因此，作为配角要具有宽厚的胸怀，不斤斤计较，甘当孺子牛。

宋代哲学家张载说"察天行以自强，察地势以厚德"，以自强立身，以厚德处世，是君子的人格体现。中国的传统文化一直以宽厚为美德，《左传》说："君子有容人之量，小人存嫉妒之心。"明代的薛瑄说："唯宽可以容人，唯厚可以载物。"人假如能效法大地，培养宽厚的品德，不但能利人，最后还能利己。

《易·说卦》："坤，顺也。"《易·坤》："坤，地道也，妻道也，臣道也。"坤，延伸到政坛是为臣之道，延伸到家庭是为妻之道。这个道是柔和顺从，是当好配角，做好参谋。道家主张要柔顺而不强求，提醒我们"用动则浊，用静则清"，只要把浮动的心平静下来，就能认清方向，"先迷后得""先难后易""先苦后甜"，获得好的结果。

"坤卦"的爻辞是这样的：

初六，履霜，坚冰至。

六二，直、方、大，不习，无不利。

六三，含章可贞，或从王事，无成有终。

六四，括囊，无咎无誉。

六五，黄裳，元吉。

上六，龙战于野，其血玄黄。

用六，利永贞。

爻辞形象地描绘了当秋天来到，霜霭初降，草长花黄的收获季节，人们秋郊牧马的景象，以赞美大地载负万物的博大，其实也概括了作为一个配角，副手应当具有的品格和素养。

一是必须富有远见。"初六，履霜，坚冰至。"这是说，当脚踩到霜的时候，就应当知道结冰的日子快到了。任何事物都是循序渐进的，正所谓一叶知秋，副手必须要有敏感的心，仔细地感知事物的发展变化，仔细体会主官的意图，做到未雨绸缪，做好各种准备，为主官出谋划策，分忧解惑。就像诸葛亮那样，未出山，已定三分天下之策，为刘备规划好未来的发展方向，是一个合格的"军师"和助手。

二是必须正直、方正、大度。"六二，直、方、大，不习，无不利。"直、方、大概括了大地的特性，平坦又方正，广阔又博大。为人也应向大地学习，做到直、方、大。"直"，就是忠诚、正直、专一。作为臣子，首要的是忠诚、忠贞，让君王信得过、放心，其次是能力，然后是勤勉的作风。"方"就是讲原则，守规矩，内方外圆，既不折不扣地按主官的意图办事，又能灵活巧妙地协调多方。"大"就是要有大胸怀、大度、大量。此外，做事不反复无常。《文言》："直其正也，方其义也。君子敬以直内，义以方外，敬义立而德不孤。"这就是说内心纯正又正直，外在方正、大度，对待主官有恭谨诚挚的态度，就能成为一个称职的配角。三国时的关羽虽然有万夫不当之勇，但其武功是不及吕布的，然而由于他具备了"直、方、大"的素质，他的赤胆忠心一直为后人所称颂，并作为忠义的象征。这是因为他具备了"坤"的禀赋，当好了配角。

三是必须恪尽职守。"六三，含章可贞，或从王事，无成有终。""章"指文采，"可贞"就是坚守正道，守住你的本分，扮演好配角。一个称职的部属，就是提建议却不随意拍板，工作做出成绩却不与主官争功，补位不越位，埋头苦干，低调内敛，不事张扬。

四是必须谨言慎行。"六四，括囊，无咎无誉。""括囊"就是收紧你的口袋。《象》曰："括囊无咎，慎不害也。"意思是说闭上你的嘴巴，谨言慎行没有过错，这样才没有灾祸。作为副手，不能因为做出一点成绩来便沾沾自喜，或口无遮拦，或口出狂言，贪功诿过。一个人假如功高盖主，其祸不远。抓紧口袋，就是不要炫耀、不要吹嘘，要低调、内敛，以明哲保身。

孔子一生周游列国，却没有受到诸侯国君的重视，但他谈论为官为政的言论还是被当政者所重视和推崇。他有弟子三千，有很多弟子都要向他请教求官为官之道。子张比孔子小48岁，正是奋发有为、敢闯敢做的时候，他向老师请教求官为官之道。孔子曰："多闻阙疑，慎言其余，则寡尤；多见阙殆，慎行其余，则寡悔。言寡尤，行寡悔，禄在其中矣。"

子张请教谋取官职俸禄的方法。孔子说："多听，少说有疑问的事，谨慎谈论其他明白的事，就能少犯过错；多看，少做做不到的事，谨慎做能做的事，就能减少后悔。言语上少犯过错，行动上很少后悔，官职俸禄就在这里了。"

我国南朝齐梁间有一位不倒翁式的朝廷大员叫冯道。冯道自幼家贫，年方十三则以孝事母亲闻名于郡，历经齐明帝、东昏侯及和帝三代，屡屡升迁。后梁武帝代齐建梁，他仍位居三公之职。其为官之秘籍就是敏于事而慎于言。他曾经作了一首诗："口是祸之门，舌是斩腰刀。深藏口与舌，安身世世牢。"可见，冯道深得坤卦之要义。

五是必须温文尔雅。"六五，黄裳，元吉。"《象》曰："黄裳元吉，文在中也。"意思是说黄裳之所以大吉，是因为有温文之德并且守于中道。做一个最佳的助手，言行举止温文尔雅，不喧宾夺主，不飞扬跋扈，自然也就"元吉"。

中华人民共和国首任总理周恩来，就是一个秉持中正、坚守中道的人。他是中共早期革命活动家之一，无论在哪一个革命阶段，他都身居要职。但他始终坚守中道，不为错误路线所左右，特别是在长征前后和"文革"期间，他位尊而谦顺，不但保护了一批革命干部，而且屡屡挫败极"左"势力的攻击。

六是必须不争、安分。"上六，龙战于野，其血玄黄。"意思是说，与龙在旷野厮杀，旷野到处是青与黄色的血迹。《象》曰："龙战于野，其道穷也。"假如有了野心，不甘于当配角，想当君王，必然产生争斗，必将流血，绝大多数野心家因此身亡于虚幻的帝王梦中。这样，就走上穷途末路了。东汉时，吕布本是一介武夫，骁勇过人，但他只是一个当配角的料，无德无才，可他不甘心当配角，便杀了义父董卓，当了主官以后，每当有重大决策需要他"拍板"时，却不知所措，屡屡失误，最终为曹操所杀。一个称职的副手，应该是"献策不决策，到位不越位，超前不拒前，出力不出名"。

（三）作为副手必须具有方正得体的处世方式

坤，异体字为"堃"，即方方正正的大地。古人认为天圆地方，"坤"卦的爻辞曰："直其正也，方其义也。君子敬以直内，义以方外，敬义立，而德不孤。"《文言》曰："坤至柔而动也刚，至静而德方，后得主而有常，含万物而化光。坤道其顺乎？承天而时行。"这段话的意思是说，"坤"是最为柔顺的，然而它却可以变得极其刚健；坤是安静的，但它的品德却是方正不邪。它是顺着乾阳运行的，却有着自己的一定之规。它包容万物，化生的功能广大无边。坤道便是顺应之道吧？它顺应天道的四季运行。在这里，指出了作为副手所应具有的"方德"：

一是刚柔相济。虽然副手是柔顺的，但并不是依附；不是对主官唯唯诺诺，曲意逢迎；不是吹牛拍马，而是当主官有不正确的作为时，要巧妙地提出来，以防对其造成危害。同时，处事应当是果断的，有超强的执行力和雷厉风行的作风，按照主官的意图，主张办成实事、好事。

宋朝的宰相吕蒙正可以说是一个典范。

　　有一年的正月十五晚上赏灯，皇上大宴群臣。酒兴正浓的时候，宋太宗说："朕自当政之后，日理万机，从不敢懈怠，常想着天下百姓，以至才有今日之昌盛景象。由此来看，无论是大乱还是大治，无不是人之所为，并非什么天意啊！"大臣们听后，纷纷夸赞皇上圣明，各种拍马屁的话都有，太宗高兴得如坐云端。这时吕蒙正走到太宗面前说："皇上在此设宴，百官莫不云集在此，放眼望去满城灯火辉煌，确实一片繁荣的景象。臣不久前曾到城外，离城数里就看到有许多人面露饥色，甚至还看到一些因饥饿而死的人。由此可见天下并不都像我们眼前所看到的这样啊。愿陛下不但看到眼前的繁荣，而且也能看到远处的正挨饿受冻的百姓，这才是天下苍生的幸事啊！"太宗听到这话，脸色顿时阴沉。过了好久，太宗才高兴地说："我得蒙正如唐太宗之得魏徵，倘若做臣子的都能这样时时提醒朕不忘以天下苍生为念，何愁国家不富强，百姓不舒心啊！"

　　在个人得失方面柔软一些，不予计较，宽以待人；在原则和大局、大是大非面前永远保持刚正。这是吕蒙正能成为一代名相的重要原因。所以，他一生有很多政敌，却无一个私敌。

二是低调内敛。《文言》曰："阴虽有美，含之以从王事，弗敢成也。地道也，妻道也，臣道也。地道无成，而代有终也。"

意为阴柔是一种美好的品质，含蓄而不显耀地为君主效力，不能居功自傲。这既是地道的法则、妻道的法则，也是臣道的法则。地道的法则就是不显示自己的功劳，而求得万事都有一个善终。面对自己的成绩，可能每个人都会喜悦乃至骄傲。有的人将之深藏不露，觉得没有必要示众，而有的人却觉得应该好好表现一下才对，毕竟那是带有光芒的事情，可以让自己在大家面前发一次光，赚足面子，满足一下自己的虚荣心。

有一个成语叫"锋芒毕露"。事实早已证明：如果一个人锋芒毕露，一定会遭到别人的嫉恨和非议。那锋芒伤害的，最终往往都是自己。《孟子》中提到，盆成括在齐国做官，孟子说："盆成括要死了。"后来他果然被杀，弟子们问："老师，您是怎么知道他会被杀的？"孟子说："他这个人小有才气，但是不懂得君子之道，这就足以招来杀身之祸了。"一言以蔽之，他死于有点本事，不低调，过于炫耀。可见，锋芒毕露是一种致命的弱点，因此，做人还是要大智若愚，摆正自己，自己明明就是一条清浅的小溪，为什么非要不自量力地冒充大海？搞不好，一次或几次浪潮就把自己给淹没了，因为自己就那点水量，经不起折腾。

作为副手，要只求成其事，不想居其功。工作冲在前，功成退居后，这种宽广的胸怀和境界，会获得主官的赏识、支持和信任。

三是方正守规。《易经·坤·文言》："坤至柔而动也刚，至静而德方。"意思是说：坤，至为柔顺但动起来也很刚健，至为柔静但它的品德像大地一样方正。作为副手，对主帅是顺从的，但又要坚持"德方"，保持独立的人格和正直的品格，即"敬以直内，义以方外"，以严肃的态度持守内心的真诚，以正当的方式规范言行的表现。这就是坚持原则性，按规矩办事。用今天的话来说就是忠于真理、忠于正义、忠于职守，就是遵守法律和纪律，不徇私情，不盲目地执行违背事实的指令，但同时也要遵守官场的规则，切忌为主官作决定。有的人不懂官场的规矩，往往会自作主张为领导作决定，这是官场中的一大忌。

我们知道，明末著名将领袁崇焕有着卓越的军事才能，曾多次击败后金进攻，为边关安宁和国家稳定作出了巨大的贡献。然而，就是这样一位能力超群、功勋卓著的名将，最终却落得个可悲的下场。这背后的原因当然很复杂，但也跟他不懂官场规矩有很大的关系。袁崇焕犯的错误之一是与皇太极议和。公正地说，这个决定并没有错，但坏就坏在袁崇焕未向皇上请示。按理说，像议和这样的大事一般都要先上报朝廷，然后通过大臣讨论，最后由皇上定夺，而袁崇焕压根儿就没有跟崇祯打招呼，直接就派人与皇太极谈判。下属劝袁崇焕，不要替皇上作决定。但袁崇焕根本不予理会，表示这是正确的决定，皇上不会怪罪的。事实上，当时皇上确实没有怪罪。但是，皇上心里却从此有了疙瘩。所以后来，才有袁崇焕投敌卖国之说。

作为副手，在作重大决策时，一定要请示汇报，不要擅自作决定，这也是懂规矩的一种表现。

四是极静的心态。处事不惊，心藏计谋，正直高尚。《文言》曰："坤至柔而动也刚，至静而德方。"意为坤是最柔顺的，然而坤可以变得极其刚健；坤是安静的，但坤的品德却是方正不邪。为臣之道既要保持安静、顺从，又要心存正直，内方外圆，辅助明君，为社稷作出贡献。在这方面，北宋的吕端可以说是一个典范。

吕端与寇准同朝为官，最初的职位在寇准之上。可是宋太宗选择宰相时，吕端却推荐寇准，表现了吕端谦逊的态度和作为臣子以大局为重的胸怀。但吕端不是任何事情都避让。当时，朝廷将领李继迁叛逃西陲，宋太宗大怒，立即下令将李继迁的母亲抓起来并打算杀掉。面对皇帝的圣旨，没有大臣敢表示反对，纷纷赞成宋太宗的决策英明。而吕端却冒着生命危险挺身而出，反对皇帝的决定。宋太宗权衡利弊之后，终于同意吕端的意见。叛将李继迁去世后，他的儿子感谢宋太宗的宽容，便带头归顺了宋朝。正是吕端的决策，使边疆获得了安宁。

其实，柔顺中也包含着刚强，柔顺也不能违背正直的内心，顺从也应当遵循原则，假如无原则地顺从和迁就，其结果既危害了君主，也危害了国家。

第二讲　读"比、离"卦：利用人脉资源，构筑团队之"力"

　　"比""离"两卦告诉我们如何利用好人脉资源，构筑团结协作的团队之"力"。

　　一个人要在事业上有所作为，自己的德才固然重要，但单靠自己的力量是远远不够的。你会成为什么样的人，你能成就什么，既取决于你自己，更取决于你身边的人，包括提携你和追随你的人。美国著名学者约翰·麦克斯韦尔历经30年的研究，得出结论：离领导最近的人，决定领导者的成功程度。

　　在一个人的成长过程中，自身的努力居首位，但人脉资源也必不可少。一个人可能才华横溢，但假如没有人欣赏，没有人提携，也只有终生感叹自己怀才不遇了。人脉可以使人省力，给人借力。下面，我们看看"比"卦和"离"卦如何告诉我们积累良好的人脉资源，建立一个坚强、有力的合作团队，形成一定的"势"和"力"。

一、"比"卦告诉我们要建立协和亲附、同心同德的团队

　　从卦名"比"看，比从二"匕"，"匕"亦声。甲骨文为𠤎，字形像两人步调一致并肩而行。"比"字与

"从"字类似，其古文字字形，就像两个人步调一致并排而行的样子。因此，《说文解字》中说："二人为从，反从为比。""比"字的本义就是亲密，和顺，上下亲和。其延伸义还有相附、对比、比方、并列等。比，具有辅导相助之义。《诗经》中说："比物四骊。"《史记》中说："危东六星，两两相比，曰司空。"又如，谓事物高矮差不多称为"比肩"；排比同类事物称为"比物"；编排连缀称为"比缀"。近邻为"比邻"，中国的诗歌有"赋、比、兴"的表达手法。

从"比"卦的卦画看，卦画是䷇，上卦为"坎"，表示水，下卦为"坤"，表示地，为水地卦。水得地而蓄而流，地得水而柔而润，水与地亲密无间。水是生命之源，人类都是在有水的地方建立族群和国家的。有族与国，人们才互相亲附。这一卦象征着亲密比辅，彼此能亲密比辅，自然吉祥。

从"比"卦的卦辞看，辞曰："比：吉。原筮，元永贞，无咎。不宁方来。后夫凶。"意谓比卦是一个吉祥的卦。原来的筮辞是从开始便永远坚守正道，不会有灾难。表示从不安宁的状态刚刚走出来，迟迟不来亲比归顺的人会有凶险。

《象》曰："地上有水，比；先王以建万国，亲诸侯。"意思是："比"卦的上卦为坎为水，下卦为坤为地，这是地上有水的卦象。先王在这样的时势下，封建万国，亲近诸侯。

"比"卦所讲的，正是比辅之道。它教导我们应该如何建立一个良好的朋友圈和团队。这一卦的卦象，就像江河等水流淌在大地上，顺流而下，滋润万物，养育万方，这是一种非常美好的自然景观，它象征着宏大、温暖、自由的生命活力，令人向往。流水与大地，便是这样相互比辅、相互依托的和谐关系。揭示了人在官场中应遵循诚信、择善、自省、宽容、无私和亲君子、远小人等原则。

（一）要亲近比辅方向一致、目标一致有诚信的人

"比"卦要求我们比辅的人，首先是志同道合之人。"比"字就像两个人并肩而行，方向、步调一致。只有志同道合的人，才能成为真正的朋友，价值观不一致的人，是不能走到一块的。因此，看一个人的朋友圈，也大致可以看出他的品位和层次。

其次是有诚信之人。"比"卦说："初六：有孚比

之，无咎。有孚盈缶，终来有它，吉。"意思是用诚信结交朋友，不会有灾难。有诚信就好比美酒满缸，诚信会吸引更多的人来与你交往，所以吉祥。这一卦强调亲比应是心怀诚意，相亲相辅，这样才能带来吉祥。

司马迁在《史记·廉颇蔺相如列传》记载了一个"将相和"的故事：赵惠文王在渑池会之后，更加器重蔺相如，拜他为上卿，地位比大将廉颇要高。廉颇心中不服，几次寻机羞辱蔺相如，蔺相如忍辱退避。蔺相如身边的人不解。蔺相如说："两虎共斗，必然两败俱伤，我们只有同心同德，秦国才不敢侵犯赵国，我以先国之急而后私仇也。"当廉颇知道蔺相如以国家利益为重时，感到很羞愧，负荆谢罪。从此，两人成为知心朋友，友好合作，换来了10年的国家安定。

再次是主动配合的人。同事之间要互相支持，特别是关键时刻与困难时刻应给予鼎力相助。做到理解不误解，补气不折气，分工不分家，交心不多心。

三国时期的刘备之所以能"三分天下"得其一，原因之一是将帅之间的密切协同和合作。运筹帷幄、出谋划策有诸葛亮，征战沙场有关羽、张飞、赵云等，他们既竭忠相辅，又互相配合，终成一方之霸业。

（二）要警惕力戒比辅"匪人"

《象》曰："比之匪人，不亦伤乎。"意谓，与匪人结交，怎能不受到伤害呢？孔子说："君子周而不比，小人比而不周。"君子是用道义来团结别人，小人则是为了私利而互相勾结。小人往往结为朋党，谋取私利，一旦利尽则义散。比辅小人，图谋私利，必然害人害己。又如初六爻说："有孚比之，无咎。"意谓与有诚信之人结交朋友，就不会有灾难。前者是缺乏道德的"匪人"，后者是讲诚信的朋友，对自己的身心影响，当然不同。"近朱者赤，近墨者黑"，正是这个道理。交友或辅助他人，必须以正德为前提，择善而交。远小人，近君子，不可助纣为虐，为虎作伥，与心怀不轨者沆瀣一气。

"比"卦在这里讲的"匪人"是指什么样的人呢？从字面上看"匪人"是有戾气之人，这种人身上往往沾染一股痞子气和匪气，玩世不恭是其表态，霸道蛮横是其做派，显阔摆谱是其习惯。"匪人"其实是指"小人"。这种人有如下几个特征：

在道德操守方面，徇私、奸诈。唐代刑部侍郎李翱说小人"皆不知大体，不怀远虑，务于利己，贪富贵，固荣宠而已矣"。小人不顾国家、大局长远的利益，全然不顾礼义廉耻，只知道以个人利益为中心，拼命保住自己的荣华富贵。

在行为方式方面，见风使舵、阿谀奉承，惯使阴谋诡计。元代许衡对小人的阴险狡诈有过概括，他说："奸邪之人，用心阴险，手段巧妙。"

在生活作风方面，君子性廉，小人性贪，小人得志则贪婪无比，拼命聚敛财富，热衷于声色犬马，出入于勾栏赌场，夸富、比富、斗富。

在为人处世方面，君子宽仁厚道，小人心胸狭窄。魏徵曾给唐太宗上疏说："君子不宣传别人的过失，而张扬别人的优点，小人则相反。"凡是找别人说他人坏话的人往往都是小人，一有机会就损人的人更是匪人。

对于以上的"匪人""小人"，不能同流合污，要疏远、警惕，将之清除出自己的"朋友圈"。

（三）要比辅内部的人，也要比辅外部的人

"六二，比之自内，贞吉。"《象》曰："比之自内，不自失也。"意为亲善内部人员，坚守正道吉祥。一个团体首先内部要团结一致，"人心齐，泰山移"，"三人同心，其利断金"。内部假如不团结，就不能形成战斗力、凝聚力。但仅仅比辅内部的人是不够的，"比"卦还要求比辅外部的人。这就是要结成"统一战线"。"六四，外比之，贞吉。"意为向外去亲近比辅，正固吉祥。做事创业不但要有内部条件，也要有外部条件，只有内外关系融洽，才能干成事业。

1661 年，郑成功从荷兰殖民主义者手中收复台湾后，建立了郑氏王朝。第二年，郑成功死后，其子郑经继位。

1681 年，郑经去世，其子郑克塽继位。康熙帝在平定三藩叛乱后，任命姚启圣为福建总督，施琅为福建水师提督，统辖福建全省兵马，进攻澎湖、台湾。

郑克塽认清时局，选择比辅大清王朝。1683 年，郑克塽率众归顺清军。1684 年，清在台湾设一府三县，隶属福建省，令台湾经济迅速发展，人口猛增，与内地结成不可分割的整体。

（四）不仅要亲近比辅贤德的人，还要见贤思齐

"比"字还有比较、匹配之意。《象》曰："外比于贤，以从上也。"意谓，结交外面贤明的人，以遵循向

上之道。这便是"见贤思齐"。

成语"见贤思齐"出自《论语》。孔子曾说："见贤思齐焉，见不贤而内自省也。"齐，平等也。内自省，在内心自己反省自己。孔子说，看见贤人，就应当想着向他看齐，也就是说，就要想着达到贤人的境界；看见不贤的人，就应该以此为鉴，在内心进行自我反省，看自己有哪些不足，看自己有没有同他类似的毛病。

如何做到"见贤思齐"呢？一方面，要以贤者之美德贤能为鉴（正向学习），又要见不贤而内自省，以别人的过失为借鉴，反躬自省，看自己有哪些不足（反向借鉴）。孔子以辩证法的观点，从正反两个方面，对个人的进德修业提出了要求，表现出一种理性主义的精神。韩愈《原毁》开头论古之君子的美德，正体现了"见贤思齐"的精神：

古之君子，其责己也重以周，其待人也轻以约。重以周，故不怠；轻以约，故人乐为善。闻古之人有舜者，其为人也，仁义人也；求其所以为舜者，责于己曰："彼，人也，予，人也；彼能是，而我乃不能是！"早夜以思，去其不如舜者，就其如舜者。闻古之人有周公者，其为人也，多才与艺人也；求其所以为周公者，责于己曰："彼，人也，予，人也；彼能是，而我乃不能是！"早夜以思，去其不如周公者，就其如周公者。

　　古之君子以舜与周公此类"贤"的最高典范来要求自己，这是真正的高标准、严要求，但不是人人都能成圣贤。对于一般人来说，只要能以别人之贤激励自己，以别人之不贤对照自己，也就差不多了。

　　郭泰是东汉时期一位有名的大学者。他知识渊博，品德高尚，是许多人心目中的贤德之士。当时有很多人向他虚心求教。有一个叫魏照的年轻人，也慕名前来拜郭泰为师。在向郭泰讨教几次之后，他就把行李搬了过来，决定要住在郭泰的家里。

　　郭泰对此感到很疑惑，就问他："别人都是早上来晚上走，你为什么要住在我这里？"魏照诚恳地说："我很佩服您的学识和为人。现在有知识的老师很容易找，但能传授做人道理的老师却不多。而您正是这样的人，所以我希望能时刻伴随在您的左右，朝夕向您学习学问和做人的道理，以求进益。"郭泰听了很受感动，就留下了魏照，从此更加用心地教导他。后来，魏照也成了大学者。

"良禽择木而栖"，要追随贤德之人，择善而从，才能有进步。虚心学习文化知识是必要的，但学习为人处世的道理更为必要。在如今竞争异常激烈的社会中，要想更好地生存与发展，就要学会做人做事之道。成功的机会是均等的，只有找到了正确的为人处世的方式，我们的人生才能更加精彩。魏照拜师的目的，正是为了让自己成为一个德学兼备的人，不断地完善自我。而让自己得以不断发展、不断进步的关键，便在于寻找到一位贤德的老师，择善而从。

二、"离"卦告诉我们要附丽于贤德之人

一个人要有进步，必须有"伯乐"的赏识，有"贵人"的提携和指点。"离"卦对附丽作了深刻的阐述，能否学会附丽既是机遇，也是能力，关系到一个人的前途。

从卦名"离"字看，繁体字的"離"，右部是一个"隹"，这是一只短尾鸟的形象，说明该字的本义

与鸟类有关。在古文字中，"离"是"鹂"的本字，因而声符亦兼表字义。《说文解字》中说："离，黄仓庚也。""离"即指黄鹂，古代也称仓庚，是一种鸣声清脆动听的小鸟。古人认为太阳便是一种神鸟，所以"离"也引申指日。又由于日光是光明的、温暖又发热的，"离"便有了光明、火、热的含义。由于鸟不能总是飞翔，经常会停落在某处，于是，"离"又表示附丽、附着。又由于黄鹂总是成双成对地飞翔，所以"离"又有雌雄相依、阴阳相对的含义。"丽"繁体字为"麗"，指的是雌雄两只鹿一同行走的样子，"丽"的本义是相依相伴的意思。

从"离"卦的卦画看，卦画是☲，离为日，日为光，离上离下，光明接连升起悬附空中，即日附丽于天。离，象征附丽、附着、结合。但附丽的对象必须正当，具备柔顺的德行，才能获益。

《彖》曰："离，丽也。日月丽乎天，百谷草木丽乎土。重明以丽乎正，乃化成天下。柔丽乎中正，故亨。是以畜牝牛，吉也。"

翻译成白话文是，《彖》辞中说：离，是附丽的意思。太阳、月亮附丽于天空，百谷草木附丽于土地。

"离"卦的卦象是两团火焰相重叠，便是互相依附于中正，以此教化成就天下人。阴柔之气依附于中正，所以能够亨通无忧。所以"离"卦的卦辞中说："畜牝牛，吉。"就像家里蓄养着大母牛，非常吉祥。

"畜牝牛"是"离"卦卦辞中一个非常妙的譬喻，牝，即雌性的动物，象征着"柔"，牛是古代常见的畜类，象征着正大之物。这非常形象地体现了"柔丽乎中正"的精神境界。如何依附、依附于何，是非常讲究方法的。只有附丽中正、正义，才是坚守正道，才能获得通达与吉祥。"离"卦讲述了如何处理好主从关系，主子必须以光明照耀四方，施行德政，谨遵正道，而从属者也要选择中正之人作为依附的对象，追随而不丧失独立的人格。

"离"卦告诉我们要追随贤德之人，找到进步的捷径与支点。

（一）要善于依附

如今我们说"离"字，往往与离开、远离之义有关，而在《易经》中，其字义恰好相反，"离"，即"丽"，它是指依附、附着、结合。这个卦是同卦相叠，上下皆为"离"，从卦象上看，就如同两堆燃烧的火焰，互相照亮，互相竞争，看谁的火焰更光亮，看谁照射的时间更长，互相依附、互相凭借，共同发出耀眼的光辉。

《象》辞中解释说："日月丽乎天，百谷草木丽乎土。"在大自然之中，太阳、月亮依附于天空，百谷草木依附于土地，它们善于借助更有力量的事物来实现自身的价值，这种做事的方式方法，是非常值得我们学习和借鉴的。

在中国传统文化心理结构中，历来以农耕生产为主的中华民族，非常注重对大地的依赖与崇拜，对于"百谷草木丽乎土"的思想，有着非常深刻的认知。

例如"离"卦六二爻便有："黄离，元吉。"意谓有黄色附着，就可以获得大吉大利。在古人的审美观念中，黄是最美好的颜色，也是大地的颜色。《说文解字》："黄，地之色也。"古代五色学说源于五行学说，其中，黄色为土，居正中。《白虎通义》中说："黄者，中和之色，自然之性，万世不易。"黄色位居中央，是大自然中孕育万物的土的颜色，代表中和之美，被尊为高贵的颜色。

《象》辞曰："六五之吉，离王公也。"意为五爻位之所以能获得吉祥，是附丽了王公，得到了君主的庇护。俗话说："押对牌赢一局，跟对人赢一生。"跟对人幸福一生，跟错人坎坷一世。在现实生活中，人人都渴望成功，大多具有一定的禀赋和才能，但有的默默无闻，有的功成名就，而成功的原因之一在于跟对人，得到贵人提携。这就是"借力"。荀子说："假舆马者，非利足也，而致千里；假舟楫者，非能水也，而绝江河。君子生非异也，善假于物也。"台湾巨富陈永泰深有感触地说："聪明的人都是通过别人的力量去达成自己的目标。"一个人要想事业有成，除了自助、自强，他助也是必不可少的。他助，实际上就是附丽，有"贵人"的帮助，少走了弯路，找到了捷径。

（二）只有依附的对象中正，才能获得吉祥

依附需要方法，需要智慧。如何依附才是正确的呢？《彖》辞中说："重明以丽乎正，乃化成天下。"意谓"离"卦上下二卦重叠，双重的火焰互相依附，共同燃烧起正大光明的色彩，这样才能照亮天地。《彖》辞中又说："柔丽乎中正，故亨。"宋代朱熹在《周易本义》中说："阴丽于阳，其象为火，体阴而用阳也。物之所丽，贵乎得正。"在古人眼中，火焰象征着正大刚直之物。两团火焰相重叠，便是互相依附于中正之气，所以能够亨通无忧。

我们在为人处世的过程中，应该把握好中正的原则，要善于依附有力量的事物，但也不可投机取巧。要附丽于中正之人，而非奸佞小人，否则，不但得不到好处，还会受到连累。依附不可乘人之危，采取胁迫的手段，以免招祸。依附强者，应柔顺中庸，时刻警觉，才能化险为夷。

春秋时的齐景公，非常喜欢听别人说他的好话。一天，齐景公在宫内宴请文武大臣，酒足饭饱后，他又兴致勃勃地带领众人去靶场玩射击，想一展自己精妙的箭术。

结果，每当他射出一支箭后，站在他身边的大臣们都会大声喝彩道："好箭，好箭啊！"即使射不好，大臣还是不断地叫好，这让齐景公感觉有些不爽，觉得他们是故意在喝倒彩，自己竟然听不到一句真话，于是很不高兴地草草收场。

第二天，齐景公将昨天发生在靶场上的事情说给了当时没有在场的臣子玄章听。玄章为人耿直，是少数不喜欢捧赞齐景公的人之一。玄章听后说道："这事不能全怪他们哪！""他们睁着眼睛说瞎话，不怪他们，难道怪我？"齐景公不高兴地回应道。"是的，怪大王你自己！"玄章毫不犹豫地直言道，"大臣们都是在上行下效啊，他们知道大王喜欢听好话，于是大王说喜欢吃什么，他们也就会说喜欢吃什么，大王说喜欢玩什么，他们便也就会说喜欢玩什么。大王喜欢被奉承，他们自然也就会想着法子处处奉承您哪！"

齐景公听完玄章的这番话后，虽然当时有些不高兴，但回来后反复想了想，觉得还真是这么个理，于是派人给玄章送了一些赏赐，以嘉奖他敢说真话，提醒自己的勇气。但让齐景公没想到的是，这些赏赐玄章竟然全部原封不动地退了回来。

"难道你觉得这些赏赐给少了吗？"齐景公把玄章叫到跟前质问道。"当然不是，大王给的赏赐很丰厚，足以保我们全家两三年的开销！"玄章心不慌气不忙地回答道。"既然如此，那你为什么不愿收下呢？"齐景公追问。玄章回答道："那些奉承大王、之所以不愿据实说真话的人，不正是想从您那里得到一些好处和赏赐吗？如果今天我接受了大王的这些赏赐，那岂不是跟他们一样了吗？"齐景公听后恍然大悟，立即决定收回那些赏赐，此后也改变了爱听好话的毛病。

（三）对附丽的对象必须怀有恭敬之心

"初九，履错然，敬之，无咎。"《象》曰："履错之敬，以辟咎也。"意思是做事井然有序，错落有致，恭敬行事不会有灾难。要追随一个人，附丽一个人，不能靠物质的贿赂，也不能靠降低自己的人格去阿谀奉承，关键是要有恭敬之心。张良给黄石老人拾鞋、穿鞋，结果得到了兵书，便是心存恭敬。周文王给姜子牙推车，结果得到了姜子牙的辅助，使周朝拥有八百年的社稷，说明了恭敬别人的好处。身处下位恭敬上位，会使自己得到提拔；身处上位而恭敬下位，则会使自己得到辅助，这就是附丽所必须具有的恭敬之心。

第三讲 读"履、谦"卦：增强人格魅力，树立为官之"德"

　　"履""谦"两卦告诉我们如何增强自己的人格魅力，树立为官之"德"。

　　《周易·系辞·下》有一段话对为官之德讲得很精辟：子曰："德薄而位尊，知小而谋大，力小而任重，鲜不及矣。"孔子说："道德浅薄而地位崇高，智慧不足而谋划大事，力量微弱而担当重任，很少有不拖累到自己的。"孔子在这里讲到的德、智、力三者是为官所必备的要求，这三者就是道德、能力和勤勉程度，如果这三者与职位不相匹配，不但会拖累自己，也会拖累别人，贻误事业。

　　《周易·系辞·下》对为官之德讲得比较多，其中有一段概括说："是故履，德之基也；谦，德之柄也；复，德之本也；恒，德之固也；损，德之修也；益，德之裕也；困，德之辨也；井，德之地也；巽，德之制也。"

　　这段话的意思是：因此之故，"履"是德行的基础，"谦"是德行的要领，"复"是德行的本质，"恒"是德行的稳固，"损"是德行的修炼，"益"是德行的充裕，"困"是德行的辨别，"井"是德行的处境，"巽"是德行的制度。孔子在这里谈到为官的九个方面。下面，我们主要看看"履"卦和"谦"卦的要求，一个是德之基，一个是德之柄，可以说是最为重要的。

一、"履"卦告诉我们要循礼而行

从卦名履字看，履从尸、从彳、从复。"尸"的甲骨文是人低着头的象形字。"彳"为行走，"复"为反复、覆盖。履字形象地描绘了人行走时，一步紧跟一步，引申指履行。《说文解字》中说："履，足所是依也。"也就是说履是人们穿的鞋子。人穿着鞋子才可以走路，所以，"履"有履行、实践之意。"履"字在战国以前一般只作动词用，本义是践、踏。成语"如履薄冰"，意思是说像鞋子踩在薄冰上，比喻随时都会发生危险，做事需要极为小心谨慎。后来，"履"也指鞋子，如履屐、履带等。"履"卦要求人们履以和行，作为下级臣民要取悦龙颜而不冒犯虎威，作为上级注意礼贤下士，博采众长。

履的卦画为☲，上卦为乾，下卦为兑，乾为天，兑为泽，天在上，泽在下，为上下之正理。又乾为刚健，兑为和悦，有和悦应合刚健之象。象征履行、循礼而行。履卦的卦画与小畜卦的卦画相似，把小畜卦的卦画颠倒过来，便是履卦的卦画，天降恩泽便是履卦的卦象。意思是说，君子言而有信，履行自己的承诺，广施恩泽于民众。

履的卦辞为："履虎尾，不咥人，亨。"虎是阳刚之物，老虎的尾巴是不会咬人的。但若不小心踩到老虎的尾巴，就有危险了。为此，"履"必须小心行事。

《象》曰："上天下泽，履。君子以辨上下，定民志。""履"卦的上卦是"乾"，意为天；下卦是"兑"，"兑"为泽。天当然在上，居至尊的地位，泽当然在下，居至卑的地位，反映人的等级差别的是礼，将礼付诸实践就是履。履用于"辨上下，定民志"，"辨上下"，就是把尊卑贵贱的界限划清楚，不能逾越；"定民志"，就是让尊卑各守己之位，各安己之分。

"礼"对为官者来讲是很重要的。"礼"从大的方面讲官场的规则，这包括显规则，也包括潜规则。显的规则是党纪国法，行为规范；潜的规则是约定俗成的规范。"礼"主要是礼仪、礼节、礼貌，这是处理好人际关系的规范，也就是通常所讲的政务礼仪，包括言行举止和衣食住行等公务活动的礼仪规范。

履卦要求人们既要行为纯正，胸怀坦荡，彬彬有礼，又要考虑周到，小心谨慎。

（一）处世要循礼而行，谦卑谨敬

《说文解字》："礼，履也。所以事神而致福也。"程颐在《程氏易传》中说："上下之分，尊卑之义，理之当也，礼之本也，常履之道也。故为履。"履就是礼，就是人们立身处世的基本准则。礼的要求从外表看，礼是履，即实践，是行动，就是人们实践、行动所必须遵循的准则；从内涵看，是尊敬，温良恭俭让。礼的核心内容就是和为贵。《象》曰："履，柔履刚也。"即以柔顺有礼对待刚健。人处于天地之间，只要能柔顺和悦，谦卑自处，则无险不可涉；纵然履虎尾，也可避祸。

中国传统文化尤其是儒家将这种"礼"的精神发扬光大。孔子便用自己的行动阐释了"履"的道德价值。《论语》中记载，孔子"立不中门，行不履阈"。意思是说，孔子经过公门时很谨敬，不站在门的中间，走路不踩门槛。又如"没阶趋进，翼如也。复其位，踧踖如也"。意思是说，孔子下了堂阶，快步趋进，好像鸟儿张开翅膀一样舒展。再次经过国君之空位时，还是恭敬的样子……

《论语》是儒家经典，其中不少记载涉及孔子在庙堂之上的容色举止，是孔子本人对于"礼"的践行。举手投足间，处处表现出对尊者的谨敬之心。《论语》的字里行间，将孔子行动过程中的表情、动作详细地表达出来，足以说明孔子的这些表现来源于内心真实的敬意，而非仅仅在形式上遵循"礼"，由此亦可探出"礼"的实质。在孔子看来，"循礼"并不是外在的、形式化的事情，而是真正发自内心的声音，"礼"可以滋养个体生命，成为孔子内心中真正快乐的源泉。

（二）处世要循"理"而行，行走正道

"履"字与"理"谐音，二字在文化内涵上有相通之处。"理"，即道理、义理，按天道、地道、人道行事，才能带来吉祥。"履"卦的爻辞虽然描写的是人们在祭祀典礼的仪态，同时也包含着如下几个"理"：

一是要保持凤愿初志。"初九：素履，往，无咎。""素"，就是质朴无文饰，保持事物的本色，顺其自然发展。"素履"就是安分守己，不争非分之利，不觊觎非分之位。正如《中庸》所说："君子素其位而行。"《象》曰："素履之往，独行其愿也。""独行其愿"就是为实现自己的凤愿初志，不为情迁，不为物累，听从内心的召唤，义无反顾地走自己的道路。比如

李四光根据对中国地质的勘探，认为中国是存在油田的，许多外国专家却将此视为天方夜谭。但李四光坚定自己的信念，不为他人所左右，经过多年的勘探，终于找到了油田，使中国去掉了"贫油国"的帽子。

二是要坚守内心的清净。"九二：履道坦坦，幽人贞吉。""幽人"是幽静安恬、与世无争的人，这样，必然走在平坦的大道上。《象》曰："幽人贞吉，中不自乱也。"幽人自然可获得吉祥，是因为能够坚守内心的清静，不为外界的喧哗、评价，甚至功名利禄所左右，影响其操守。只要自己的内心不乱，外界谁也影响不了自己。即使在事物发展顺利的时候，也不忘乎所以，能保持恬静的心态。

在中共党史上，资格最老，但又自始至终未受到打击的人，可能要数共和国副主席董必武老先生了。

董老出身于清末秀才，曾加入同盟会，参加辛亥革命；又是中共创始人之一。董老的一生，为国、为党、为民忠心耿耿，奋斗不息。在他的心目中，党、国家和人民的利益高于一切，从来不计较个人的荣誉和地位。由于他固守正道，幽静安怡，与世无争，不争位，不争名，不争利，在历次党内尖锐复杂的路线斗争中，一直平稳安顺，共享晚年，子孙绕膝，家世兴旺，安享九十天伦，深受国人爱戴。

三是要谨言慎行。"九四：履虎尾，愬愬终吉。"意为"踩在老虎的尾巴上，心里战战兢兢的，最终会吉祥。"《象》曰："愬愬终吉，志行也。"这是因为外表极为驯顺，心怀恐惧戒惕之象，立志施行自己的抱负。这里强调"审慎修省，以谦为本"的精神。

四是"视履考祥"，经常检视自己的行为和走过的路，考察其吉凶征兆，总结经验教训。

（三）处世要言之有信，履行自己的承诺

"履"字从"尸"，在古文字中，"尸"字头的文字往往与人体有关，如"居""屈""尼""尾"等，古文字的"尸"就像一个人形，表示人的生命。"履"字下部的"彳"，表示人行动的样子，"复"既表音，亦表意。"履"字如同人穿上鞋子走路的样子，即履行之义，引申为履行，要履行诺言，言必信，行必果，诚信之道是需要用自己的生命去践行的，古人一诺千金，我们需要用生命去维护自己的承诺。

西汉初年有一个叫季布的人，他特别讲信义。只要是他答应过的事，无论多么困难，他一定会想方设法办到。当时还流传着一句谚语："得黄金百两，不如得季布一诺。"意谓得到一百两黄金，也不如得到季布的一个承诺。

后来，刘邦打败项羽当上了皇帝，开始搜捕项羽的部下。季布曾经是项羽的得力干将。所以刘邦下令，只要谁能将季布送到官府，就赏赐他一千两黄金。

但是，季布重信义，深得人心。人们宁愿冒着被诛灭三族的危险为他提供藏身之所，也不愿意为赏赐的一千两黄金而出卖他。

有个姓周的人得到了这个消息，秘密地将季布送到鲁地一户姓朱的人家。朱家很欣赏季布对朋友的信义，尽力地将季布保护起来。不仅如此，他还专程到洛阳去找汝阴侯夏侯婴，请他解救季布。

夏侯婴从小与刘邦很亲近，后为刘邦建立汉王朝立下了汗马功劳。他也很欣赏季布的信义，在刘邦面前为季布说情，终于使刘邦赦免了季布。不久刘邦还任命季布做了河东太守。后来人们就用"一诺千金"来形容一个人很讲信用，说话算数。

在"一诺千金"的故事中，讲信用让季布死里逃生。如果他是一个不讲信用的人，无法得人心，大家便不可能帮助他走出绝境。那个在山上放羊喊"狼来了"的孩子，就是因为说谎，辜负了别人的善心，失去信用的。他屡次喊"狼来了"，人们上山救他却扑了空；后来，狼真的来了，任凭他怎么大声喊，也没人再相信他了。信用是我们宝贵的财富，珍视它，幸运便会与你为邻；失去它，便寸步难行。

"履"卦的爻文，只有六三为凶，其他的是无咎、吉、大有庆，可见，"履"对我们的立身处世是大有好处的。

二、"谦"卦告诉我们为官要谦虚谨慎

从卦名"谦"字看，《说文解字》中说："谦，敬也。从言，兼声。"意思是说 "谦"表达对他人的恭敬之情。"谦"，古同"慊""歉"。繁体"謙"字左部的"言"，表示语言，跟人的言行有关。人际交往离不开语言，离不开表达和沟通。包容他人、谦逊待人，往往需要借助语言来表达。右部的"兼"是声旁，表示兼顾、兼容、包容。"言""兼"为"谦"，表示说话办事要兼顾各方，考虑周全，留有余地，不能目中无人，不计后果。《玉篇》："谦，逊让也。"意为谦虚、谦逊。

从谦卦看，谦卦画为䷎，上卦为坤，下卦为艮，艮象征山，坤象征地，地中有山，山体高大，但在地下，高能下，谦虚之象。卑下之中，蕴其崇高，屈躬下物，先人后己，这是谦虚的表现。谦虚地对人、做事，必然诸事顺利。

谦卦的卦辞："谦：亨，君子有终。"意为谦逊、通达，君子有好的结果。

《象》曰："地中有山，谦。君子以裒（pōu）多益寡，称物平施。"意思是说，地里面有山存在，这就是谦卦。君子要减损多的，增益少的，衡量事物而公平给予施舍。

《彖》曰："谦，亨。天道下济而光明，地道卑而上行。天道亏盈而益谦，地道变盈而流谦，鬼神害盈而福谦，人道恶盈而好谦。谦，尊而光，卑而不可逾，君子之终也。"

翻译成白话文是：《彖》辞说"谦"，表示亨通。天道的法则是向下周济万物，光明普照天下；地道的法则是位处卑下而地气向上运行。天的法则是减损盈满者，增益谦虚者；地的法则是改变盈满者，充实谦虚者；鬼神的法则是祸害盈满者，施福谦虚者；人类的法则是憎恶盈满者，喜欢谦虚者。谦虚者若位居尊贵，他的道德更显光明；即使位居卑下，他的道德也不可超越，谦虚会为他带来终生的福报。

《象》辞把"谦"放到天道、地道、神道和人道的高度去看待。天道是使满盈有余者亏损而增益不足，故日行而有四时，月行而有圆缺。地道改变满盈而补充谦逊低下，故水流润下，使人无不平之叹。鬼神损满盈之众而降福谦逊虚心之人。人的本性是憎恶骄傲自满的，而喜欢谦逊有礼的。物极必反，月满则亏，水满则溢，物壮则老，任何事物的发展走到了极点，必然会走到它的反面，盛极而衰。因此，世间万物只有保持中正平和之态才会具备"谦"的品德。只有时刻保持谦虚的美德，才能收获吉祥与美好。

古人说："谦受益，满招损"，这个说法来源于《易经》的思想。《序卦传》说："有大者不可以盈，故受之以谦。"上卦为大有卦，人们生活富裕了以后，容易滋长一种"炫富"的现象，极尽奢侈，其结果是堕落。为此，"大有"之后是"谦"卦。《易经》把"谦卦"作为吉卦："谦谦君子，用涉大川。"《周易·系辞》："谦也者，致恭以存其位者也。又，谦者，德之柄也。""谦"的特性是能容，作为品德来讲，则是德行忠厚。假如待人、待事、待物都能做到谦虚，必然诸事顺利。谦逊对做人处世都很重要，关系到是否有和谐的人际关系，关系到个人学业、事业的进步。特别对于身居高位、有一定学问、有财富的人来说更为重要。古代先贤把"谦"作为做人的美德之一。"谦"卦讲谦虚之道，一方面是，以谦虚的态度待人；另一方面是，以谦逊的行为待人，做到高者必自卑，功成礼下贤。那么，如何做到"谦"呢？"谦"卦讲了三个方面的要求。

（一）谦虚谨慎，符合天、地、神、人之道

《彖》曰："谦，亨。天道下济而光明，地道卑而上行。天道亏盈而益谦，地道变盈而流谦，鬼神害盈而福谦，人道恶盈而好谦。"在这里《易经》讲述了天地、神人之道。谦的卦象是地山谦，赞美山的品性，虽高而能低，但卑下之中，彰显其崇高。尊卑相对，自然世界天尊地卑，推而及之，人类社会君尊臣卑、父尊子卑、长尊幼卑，此处所言的"卑"并不是说卑鄙、卑微，而是指一种谦卑、谦让、尊敬的态度，是与"尊"相辅相成的。古代哲学讲求阴阳相融，处在浅位、卑位的就是阴，处在尊位、高位的就是阳。阳生阴长，阳杀阴藏，故天地有常，日月以明，星辰以列，禽兽有群，树木有立。君子懂得遵循这些规律行事，不违背事物的本性，才能不拘于外物。故谦之卦辞说："谦亨，君子有终。"

1950年6月的一天，时任美国国防部海军次长金贝尔拨通了美国司法部的电话："绝不能放走这个中国人，他知道的太多了。我宁愿把这个家伙枪毙了，也不能让他回到中国。因为无论他在哪里，他都抵得上五个师！"这一个人抵五个师的人就是钱学森。尽管如此，钱学森最终还是回到了中国。5年后，在美国康奈尔大学做研究员的郭永怀也历经曲折回到中国。郭永怀因空气动力学和应用数学的研究成果而闻名世界，回国后作为钱学森的下属一起搞研究。有人问钱学森，郭永怀的研究价值几何。钱学森说："假使我的价值能够抵得上五个师，那么他的价值至少达到十个师。"

卢梭说：奉承的话人人能讲，身居高位，仍能谦虚地称赞他人，这样的人拥有博大的胸怀，是真正的强者。钱学森一句话就足以彰显其宽广的胸怀。别人说他价值五个师，他却说下属价值十个师。一个人成就越高，就越能看到他人的优点，说出称赞别人的话。把别人抬高一点，把自己放低一点，以率真的语气说谦逊的话，这不是妄自菲薄，而是与人相处与合作必备的一种品德。

（二）谦虚谨慎，其品行是包容，善于兼听

"谦"，从言，"言"为语言，从兼，"兼"有兼顾、兼容、包容义。"言""兼"为"谦"，表示"兼听众人之言"而集思广益，也就是说一个人为人处世要学会包容。所以《易经》"谦"卦象辞曰："君子以哀多益寡，称物平施。"意思是说，谦谦君子善于损有余而补不足，使万物之道公平自然。正所谓"草木有情皆长养，乾坤无地不包容"。这是说大自然的包容。包容就是和谐，就是与万物共同生长。

为政者职位越高，越要清醒，越要懂得尊重老百姓，保持兼听谦逊的美德。只有这样，才会站在老百姓的立场设身处地地为群众办事，才会把群众的利益放在首位，才能得到群众的认可，路也才能走得更远。相反，假如目中无人，骄横跋扈，就会独断专行，脱离群众，落得一个孤家寡人的下场。

《战国策·齐策一》记载了战国时期齐国谋士邹忌劝说齐威王纳谏，使之广开言路，改良政治的故事。

邹忌身材修长，仪表堂堂，照着镜子颇为自得。他先后问妻子、侍妾和客人，自己和齐国有名的美男子徐公相比谁更美。妻、妾和客异口同声地回答他比徐公美。邹忌亲自见到徐公后才知道，自己远不如徐公美。妻、妾和客显然由于各自特殊的原因，没有对邹忌说实话。邹忌想到齐王的处境其实如自己一样，于是入朝向齐王进谏。

邹忌向齐王讲自己的切身体会，用类比推理、推己及人的方式讲出"王之蔽甚矣"。他先叙述了妻、妾、客蒙蔽自己的原因，再从自己的生活小事推及治国大事，说明齐王处于最有权势的地位，因而所受的蒙蔽也最深。

齐王虚心接受了邹忌的谏言，立即发布政令，悬赏求谏，广开言路，对于关心国事、积极进谏者，分不同情况给予奖赏。

齐王纳谏之后，齐国果然发生了可喜的变化。政令刚下达的时候，进谏的人"门庭若市"，说明在此以前，齐国确实有许多积弊。几个月之后，"时时而间进"，进谏的人明显减少了，说明最初的进谏已经取得了预期的效果，齐威王已经根据人们的意见，改革了弊政。一年后，"虽欲言，无可进者"，即使想进谏领赏，对齐国的政治也已挑不出什么毛病了，说明齐威王已完全纠正了缺点和错误，齐国政治清明。

齐威王善于纳谏去蔽，从而使齐国国势强盛，威震诸侯。"燕、赵、韩、魏闻之，皆朝于齐。"为君者广泛地听取多方意见，兴利除弊，修明政治，国力自然强盛，无须动用武力，自然就能征服他国，这就是所谓的"战胜于朝廷"。

（三）谦虚谨慎，表现为谦逊礼让

"谦"，音通"歉"。"歉"往往用于表达内心的愧疚之情。《易经》"谦"卦《象》辞中说："谦谦君子，卑自牧也。"真正的谦谦君子必定将自己放在一个很低的姿态，出口必定言辞恭敬，做事必定小心谨慎，善于自我反省。一个人如果言行恭敬谦虚，常怀歉意，主动谦让，那他一定是一个善于自我反省、时刻追求进步的人。孔子在《象》辞中说："劳而不伐，有功而不德，厚之至也，语以其功下人者也。"这就是说有功而不自夸，不自以为有德，真是宽厚之至。那些有功却不居且甘居下位的人，就是谦的表现。希腊哲学家苏格拉底说过："谦虚是藏在土中甜美的根，所有崇高的美德都由此发芽生长。"真正谦虚的人，从来不把自己提上很高的位置，从不向别人夸耀自己的功绩，由此，派生了内敛、进取、好学的美德。

新加坡国父李光耀卸位后依然受到国人的拥戴，可李光耀却从不认为自己高人一等，更不趾高气扬。无论是出席会议和参加活动，或是私下聚会，他都比继任者吴作栋先到，对吴作栋以礼相待。而吴作栋尊他为导师，对他说："您是长辈，又是我的导师，在非正式的场合，无须跟我拘礼。"李光耀却说："任何时候遵守礼仪都很重要，否则其他人可能因此误解我不尊重你这位总理，并且可能会跟着我这么做。我现在和所有退休的国民一样，不应该享受国家法律规定以外的任何权利，更不能有丝毫高于他人的思想和意识。"

　　把自己的身段放低，但其实在他人看来形象更为高大。就像一个容器，内心越谦虚，容量就越大；内心越骄傲，容量就越小。越是伟大的人，说话越会把自己放低。当吴作栋主动提出不让李光耀拘礼时，李光耀却强调遵守礼仪的重要性。他考虑的是如果有人效仿他，则有损吴作栋的威望。

　　曼德拉说："创造和平的人不仅诚实、正直，更重要的是他们谦逊。"谦逊本身就包含着对他人的尊敬和褒奖。无论你在别人面前处于怎样的地位，保持谦逊，同样也能赢得别人的尊敬。所以，尊者话低，反过来，话低也能在他人心目中成为"尊者"。

第四讲 读"夬、革"卦：增强竞争实力，提高为官之"能"

　　"夬""革"两卦告诉我们如何增强自己的竞争实力，增强为官之"能"。

　　为官者如有德无能，也会一事无成。"能"是指能力，这种能力是多方面的，包括学习能力、协调能力、组织能力、语言和文字的表述能力、沟通能力等，习近平总书记则强调要有脚力、眼力、脑力和笔力。在这里，笔者主要选取"夬"卦和"革"卦，讲讲决断的能力和创新的能力。

一、"夬"卦告诉我们要增强决断能力

　　从卦名"夬"字看，"夬"为"决"省。"决"是大水冲破堤岸或溢出。《说文解字》中说："夬，分决也。"徐锴解释说，"夬"字小篆字形中的"丨"，即表示"决之"之意。"夬"字通常用作名词，作为六十四卦之一，《易》曰："夬，决也，刚决柔也。"本义为决断、果决、解决。

　　从"夬"卦的卦画看，"夬"是☱，上卦为兑，下卦为乾，天上水气腾腾，欲降成雨，为夬，夬为决断、果决。表示对邪恶的清除必须坚决。君子制裁小人时，应光明正大，告诫人们引以为戒。

卦辞曰："夬，扬于王庭，孚号有厉。告自邑，不利即戎，利有攸往。"意思是说，从朝廷上发出诚恳的号令，以诚心疾呼有危险。告诫自己封邑内的人，不宜立即动武，利于做一些事。这一卦乃论述君王如何平服将帅叛乱之卦。强调双方诚恳相处，不相互攻击，而做到互利共赢。

《象》曰："泽上于天，夬；君子以施禄及下，居德则忌。""夬"卦的卦象是湖水化气升腾于天，即将化为雨倾注而下之表象，以此象征决断。君子从中得到启迪：应自觉地向下层民众广施恩德，并以自居其德为忌讳。不但要"施禄及下"，而且不能自居有德，假如把施禄作为猎取名节的手段，其境界就太低了，谈不上有修养。

"夬"卦告诉我们必须有决断的能力。当领导的主要任务是作决策，用好人，作决策也就是"拍板"。特别是当处于急、难、险的时刻，更需要刚毅决断，否则小事会酿成大事，凡事会变成险事。

（一）夬要有决断，危急关头不能犹豫不决

"夬"卦的《彖》辞说："夬，决也。刚决柔也。健而说，决而和。"这里的"说"，是"悦"的意思。

此句的意思是说，夬有决断之意，表示刚决，这种刚决是柔和，刚健而令人不畏慄，果决而令人感到和畅。一"刚"一"柔"，体现了儒家思想中的中庸之道、中和之美。"刚""健""决"要求我们在危急关头当机立断、毫不含糊；"柔""说（悦）""和"则告诉我们，在作决断时要理性对待、善用方法，切不可"拍脑袋"行事。

楚汉战争中，韩信率一万新招募的汉军越过太行山，向东攻打项羽的附属国赵国。赵王和大将陈余集中二十万兵力迎战，占据咽喉要地井陉口。井陉口以西有一条长约百里的狭道，是韩信的必经之地。赵军谋士李左车献计，正面避而不击，派兵绕到后面切断韩信的粮道，把韩信困死在井陉狭道中。陈余不听，说："韩信只有几千人，千里袭远，如果我们避而不击，岂不让诸侯看笑话？"

韩信探知消息后，当机立断，迅速率领汉军进入井陉狭道。半夜，韩信派两千轻骑，每人带一面汉军旗帜，到赵军大营的后方埋伏，韩信告诫说："交战时，赵军见我军败逃，一定会倾巢出动追赶我军，你们火速冲进赵军的营垒，拔掉赵军的旗帜，竖起我军的红旗。"其余汉军马上向井陉口进发，大军背对着河流列下阵势，高处的赵军远远见了，都笑话韩信。

天亮后，韩信率众开出井陉口。陈余果然率轻骑精锐蜂拥而出，要生擒韩信。韩信假装抛旗弃鼓，逃回河边的阵地。陈余下令赵军全营出击，直逼汉军阵地。汉军因无路可退，个个奋勇争先。双方厮杀半日，赵军无法获胜。这时赵军想要退回营垒，却发现自己大营里全是汉军旗帜，队伍立刻大乱。韩信趁势反击，赵军大败。

韩信在毫无兵力优势、身处困境时临危不乱，率领汉军背水一战，最终以弱胜强，这是因为他在危急关头能够理智果敢，当机立断。

（二）夬要快速，即快速反应，及时行动

"夬"为"决"的意思，从"夬"。从"夬"的字大都与分离、分别有关，如水分流为"决"、分别为"诀"、剔出为"抉"、器之裂口为"缺"、玉璧有缺口者叫"玦"、行动迅速为"快"。决断之道，亦需要快速反应、及时行动。

高欢是南北朝时期东魏孝静帝的丞相。他一共有六个儿子。有一天，他想考察一下哪个儿子最聪明，就把六个儿子都叫到跟前。他对儿子们说："我这里有一大堆乱麻。现在发给你们每人一堆，你们各自整理一下，看谁理得最快最好。"

比赛开始了，孩子们手忙脚乱，十分紧张。他们都想赶快把乱麻一根根抽出来，然后再一根根理齐。

这种方法速度很慢，有的孩子一着急，还把麻结成了疙瘩。孩子们一个个都急得满头大汗。

二儿子高洋则与众不同。他找来一把快刀，把那些相互缠绕的乱麻狠狠地几刀斩断，然后再加以整理，这样很快就理好了。

高欢见高洋这样做，很是惊奇，就问："你怎么想到用这个办法？"

高洋答道："乱者须斩！"

高欢听了十分高兴，认为这孩子的思路开阔，思想方法不同一般，将来必定大有作为。

后来，高洋果然夺取了东魏皇帝的王位，建立了北齐政权，自己做了北齐文宣皇帝。

根据这个故事，人们引申出"快刀斩乱麻"这个谚语，用以比喻采取果断措施，解决复杂棘手的问题。遇到突发问题，除了需要冷静地应对之外，迅速决断、快速行动，才是解决问题的最好方法。

（三）夬要善于抉择，趋利避害，权衡利弊，择优避劣

"夬"卦的爻辞中就提到了战役的情境，面临是进是退的抉择，如"壮于前趾，往不胜"，士兵的前足趾强壮，往前不利。那么是否应该前进呢？这取决于军队将领的决断。又如"君子夬夬，独行遇雨，若濡有愠"，君子做事果断，独行遇雨，如果淋湿了会有些恼怒，他将如何选择去留呢？我们的人生面临无数次判断与抉择，我们在权衡利弊、择优避劣的过程中不断成长、不断进步。

善于抉择、趋利避害是一种智慧。"丢卒保车"原本是象棋中的专业术语，字面上的意思是舍弃"卒"来保住"车"，比喻牺牲次要的东西来保住主要的东西。两军对峙，敌优我劣或势均力敌的情况是很多的。如果指挥者善于决断，指导正确，常可变劣势为优势。

田忌赛马的故事为大家所熟知，他在己方马质量总体上不如对方的情况下，运用孙膑计策，以二比一获胜。但是，运用此法也不可生搬硬套。齐魏桂陵之战，魏军左军最强，中军次之，右军最弱。田忌准备按先前赛马之计如法炮制，孙膑却认为不可。他说，这次作战不是争个二胜一负，而应大量消灭敌人。于是用下军对敌人最强的左军，以中军对势均力敌的中军，以力量最强的部队迅速消灭敌人最弱的右军。齐军虽有局部失利，但敌方左军、中军已被钳制住，右军很快败退。田忌迅即指挥己方上军乘胜与中军合力，力克敌方中军，得手后，三军合击，一起攻破敌方最强的左军。这样，齐军在全局上形成了优势，终于取胜。

古人云："两利相权取其重，两害相衡取其轻。"孙膑就是这样一个善于抉择、趋利避害的优秀军事家。他明白，要歼敌首先得保住自己，关键时刻必须要有"壮士断腕"的勇气和魄力。得有大局观，目光长远，懂得趋利避害，才能立于不败之地。

当然，抉择还要善于把握机会，做到"不悲过去，不贪未来，心系当下"，抓住眼前的好时机，作出正确的选择。

二、"革"卦告诉我们要具有创新能力

从卦名"革"字看，金文字形的"革"，像被剖剥下来的兽皮。中间的圆形物，是被剥下的兽身皮，余下的部分是兽的头、身和尾。《说文解字》中说："革，兽皮，治去其毛。""革"字的本义即去毛的兽皮。从"革"的字多与皮革有关，如"鞋""靴""鞭"等。"革"字引申为表示变革、更改、革新等，《玉篇》说："革，改也。"除去旧的章法、遵从新的制度称为"革旧从新"。孔颖达《周易正义》云："革者，改变之名也……悔吝之所生，生乎变动，革之为义，变动者也。"

从"革"卦的卦画看，"革"卦是䷰，上卦为兑，下卦为离，兑为泽，离为火。泽中有火，火盛水蒸、水盛火灭，水火不容，象征两性相克，变革在其中。革卦寓意：两性相违必困，困与革故鼎新。变革既要顺从天道的规律，又要顺应民众的意愿，否则将会造成动荡。革新之道要深谋远虑，取信于民，把握时机，稳健推进。

卦辞曰："巳日乃孚，元亨，利贞。悔亡。""巳日"为地支的第六位，古代用于计时，也有学者认为是祭祀的时候。此句意谓，几天以后就有了信任，很顺

利，利于坚持下去，悔憾消失。

《象》曰："泽中有火，革。君子以治历明时。"内蒸外煸，水涸草枯，如同水泽之中，大火燃烧，这是"革"卦的卦象。君子观此卦象，了解到泽水涨落、草木枯荣的周期变化，从而力行改革，修治历法，明确时令。

《彖》曰："革，水火相息，二女同居，其志不相得曰革。巳日乃孚，革而信之。文明以说，大亨必正。革而当，其悔乃亡。天地革而四时成，汤武革命，顺乎天而应乎人。革之时，大矣哉！"

翻译为白话文是：《彖》辞说："革"卦上兑下离，水火相聚，互相克制。而且，兑为长女，离为中女，二女同居，心愿与志向不同，彼此矛盾，这就需要"革"。巳日得到信任，是因为君子力行变革。既能施行文明政教，民众自然喜悦拥戴。伟大、完美的事物必然是刚正的。除旧布新，改革得当，隐伏的灾祸就会消除。天地变革时令而成四季之气候，汤武取代桀纣，这是顺天应命的义举。顺应天时与人心，就能使天地常新。"革"卦的现实意义太大了！

当双方矛盾愈演愈烈时，变革之事便势在必行。变革要获得成功，一是要有"孚"，即获得大家的信任。二是要"当"，改革得当，既改变现有弊端，又不带来伤害和混乱。三是进行变革，要选择恰当的时机，时机选择恰当，便能成功；选择不当，则功败垂成。四是变革要顺乎时世和民众的意愿。变革必须以民众是否满意，是否得到实惠作为评价的标准。这要求变革者有极大的魄力和智慧。

"革"卦讲的是创新能力和变革之道。"革"，兽皮去掉毛，便成为革了，古人取其义，用以表示变革、改革、革命。上一卦为"井"卦，水井一旦淤积闭塞，便需清理，只有不断清理，才能保持水源的洁净，这种清理就是一种变革作为。为人为政，只有不断自我变革、自我清洗，才能保证充沛的生命力与动力！

（一）创新的目标是除旧布新，兴利除弊

《说文解字》说："革，兽皮，治去其毛。"而经过制作处理，皮的性质也发生了改变。"革"卦强调改革、变革的重大价值。九五爻辞中便有："大人虎变，未占有孚。"意思是说，作为改革的圣贤明君，要改革，就当如猛虎一样雷厉风行地进行，这样改革，用不着进行什么占卜，也会有孚于众望的。——这是一种"虎变"，而不应是"豹变"（如豹子斑纹一样有一处无一处，改革不彻底），更不应是"革面"（仅仅做了一些表面文章），它强调改革者需有阳刚之才、中正之德，更要有除旧布新、兴利除弊的勇气！

《孟子·滕文公下》中记载，战国时期宋国有个大夫叫戴盈之。有一天，他向孟子请教，问道："百姓对我们现在的税收政策很不满意，我打算改正一下，免去关卡和市场上对商品的征税，实行十分抽一的税率。你看怎么样？"孟子表示赞同。戴盈之又说："不过，根据目前的情况，今年是不能实行了，就先减轻一些，等到明年再废止现行的税制，你看怎么样？"

孟子并没有直接回答戴盈之的话，而是向戴盈之讲了一个有关"偷鸡贼"故事："现在有这么一个人，每天都要偷邻居家的一只鸡。有人劝告他说：'这不是正派人的做法。'他回答说：'那我就逐渐改吧，以后每个月偷一只鸡，等到明年，我再也不偷了。'"戴盈之听了，哈哈大笑。

孟子严肃地说："如果知道这样的行为是不对的，就应该马上改正，为什么还要等到明年呢？"戴盈之听了，非常惭愧。

明明知道现行的制度有弊端，却采取拖延的态度，实则为不改革。对于存在的弊端，既要有立改立行的态度，又要有科学的步骤，做到积极而又安稳，这样才能达到除旧布新的目标。

（二）创新必须顺乎天而应乎人

"革"卦的《彖》辞中说："天地革而四时成，汤武革命，顺乎天而应乎人。"天地变革时令而成四季之气候，汤武取代桀纣，这是顺天应命的义举，依时变革，就能使天地常新。因此，改革要成功，必须顺应民心。

初始元年（公元8年）王莽受禅称帝，改国号为"新"。王莽改制，是为缓和西汉末年日益加剧的社会矛盾而采取的一系列改革，包括土地改革、币制改革、商业改革和官名、县名改革等。

王莽希望通过改革抑制豪强，为中央政府聚敛财富，于是仿照古礼，屡次改变币制。王莽在流通的五铢钱外，增发大面值新币。这些新币的面值很大，是传统五铢钱的十倍、百倍甚至千倍，可重量并不与之相匹。因此，有人熔化掉五铢钱，改铸成新币，获利千倍百倍，由此扰乱了市场的正常秩序。

后来，王莽进行第二次币制改革，只流通"大钱五十"，另增加发行一铢的小钱，于是，市面上流通的货币的价值一下子减少了许多，出现通货紧缩的混乱。市场的钱不够用，王莽又改钱币名为"宝货"，分为"五物、六名、二十八品"。各种名品的货币价值不一，最高者黄金一品，值万钱，布钱大的值千钱，泉货小的值一钱。如此复杂的货币，更加引起了市场的混乱。

由于王莽的改革过于简单粗暴，缺乏操作性，不顺应民心，终究不能成功。政策中存在许多迂通不合实情处，普通老百姓并没有从中得到真正的实惠，先受其害，朝令夕改，使百姓官吏不知所从，不断引起天下各贵族和平民的不满。这样的改革不仅未能挽救西汉末年的社会危机，反而使各种矛盾进一步激化。到了天凤四年（公元17年），全国发生蝗灾、旱灾，饥荒四起，各地农民纷起，形成赤眉、绿林大规模的反抗队伍，最终导致了新朝的灭亡。

（三）创新必须以诚信为先，革而信之

"革"卦的爻辞中，屡屡谈到了"有孚"，如九三爻"革言三就，有孚"；九四爻"有孚改命，吉"等。

孚者，信也，表示诚信、讲信用，也表示信心、公信力。改革必须以信为先，才能令人信服，变革之事才能顺利进行。改革成功，民众享受到了改革带来的成果后，才能进一步认同改革，增强对改革者的信心，从而推动改革的继续进行。一个"信"字，令改革事业形成一种良性的循环。

公元前361年，秦国的新国君秦孝公即位。他下决心要使秦国强大起来，于是下了一道命令，说谁能使秦国强大，就封谁做官。于是，商鞅就来到秦国。他和秦孝公谈论国家大事，一连谈了几天几夜。秦孝公非常赞同商鞅的主张。公元前356年，秦孝公任用商鞅，开始改革旧制度。

商鞅起草了一个改革的法令，但又怕老百姓不信他，便叫人在都城的南门竖起了一根很高的木头，并说，谁能把木头搬到北门，就赏谁十金。很多人都以为这是开玩笑。后来，商鞅又把赏金提高到五十金。人们在木头旁边议论纷纷，终于有一个人把木头扛起来，一直扛到了北门。结果商鞅真的赏给那人五十金。商鞅立木取信，说到做到，在秦国引起了轰动，在老百姓中有了威信，于是就把新法令公布了出去。

商鞅变法的内容有废除井田制、提倡军功等，很多打击到了秦国旧贵族的特权。因此，新法令刚刚开始推行，就遭到了旧贵族的强烈反对。太子的两个老师鼓动太子反对变法，商鞅说："法之不行自上犯之。"于是就处罚了那两位老师，一个割掉了鼻子，一个在脸上刺了字。此后，大家不敢再议论法令的是非。

商鞅变法，立木取信，以信为先，首先在心理上征服了老百姓。他推行改革，政令如山，不因权势而左右，更是给予了改革者信心，推动了改革的前进步伐。经过商鞅变法，秦国的经济得到发展，军队战斗力得到加强，成为战国后期最强大的国家。

第五讲 读"临、节"卦：运用统御艺术，提高为官之"法"

"临""节"两卦告诉我们运用统御的艺术，提高为官之"法"。

一、"临"卦教导我们要运用刚柔相济、恩威并举的统御之法

从卦名临字看，金文"临"的字形，右边是"人"，左上角像人的眼睛，左下角像众多的器物，整个字形像人俯视器物的样子。临，是一种低着头眼睛向下看的姿态。"临"字的本义就是从高处往低处察看。《说文解字》中说："临，监临也。"《尔雅》中说："临，视也。"成语"居高临下""如临深渊"等，都是从上向下看，后来引申为上对下、尊对卑地监视、监察。

"临"卦的卦画是☷，为地泽卦，兑为泽，坤为地，泽上有地，泽卑地高，含有以上视下、以尊临卑之意。也有统治之意。以德临人、临事、临天下，必然亨通顺利。

卦辞曰："元亨，利贞；至于八月有凶。"意谓初始亨通，利于正道，八月以后可能有凶险。这是因为阳刚之气正在逐渐增强，喜悦而柔顺。但到了八月有凶险，

这是因为阳刚不久就会被削弱了。

《象》曰："泽上有地，临；君子以教思无穷，容保民无疆。"意思是下卦为兑为泽，上卦为坤为地，所以泽上有地便是临卦的卦象。君子由此受到启示，费尽心思地教导民众，并以广博的胸怀包容民众。

繁体字"臨"的左部是"臣"，右部由"人""品"组成，我们可以将它理解为一个才能超群、地位尊贵的临观之人。要知道，在古代社会，只有尊贵、有地位的人，才可居高临下地察看。《序卦传》说："有事而后可大，故受之以临，临者大也。"因为发生事端，然后才可以大有发展，要进行整治，但不是一劳永逸，还要不断地巡视，观察社会的态势，防止死灰复燃，这就是监临。"临"讲述的是为君者、在上位者对下属的领导、统治和管理，"临"需要一定的手段和方法。这一卦讲的便是统御之道。

（一）要善于"感临"

《易经》"临"卦初九爻："咸临，贞吉。"九二爻："咸临，吉无不利。""咸"通"感"，即情感。咸，无心之感，就是那种发自内心的诚恳，而没有做作的意思。领导要善于通过真挚的感情交流来感化别人，用宽广的胸怀感化下属，运用情感来管理下属。它能够增进人际感情，提高工作效率，是一种无往不胜的办法。这就是我们通常说的"盛情"留人的用人方法。

三国时期的蜀国，在诸葛亮去世后由蒋琬主持朝政。他的属下有个叫杨戏的，性格孤僻，讷于言语。蒋琬与他说话，他也是只应不答。有人看不惯，在蒋琬面前嘀咕说："杨戏这人对您如此怠慢，太不像话了！"蒋琬坦然一笑，说："人嘛，都有各自的脾气秉性。让杨戏当面说赞扬我的话，那可不是他的本性；让他当着众人的面说我的不是，他会觉得我下不来台。所以，他只好默不作声了。其实，这正是他为人的可贵之处。"后来，有人赞蒋琬"宰相肚里能撑船"。

作为上司的蒋琬能够了解下属，并设身处地站在下属的角度思考问题，将心比心，用宽大的肚量包容下属的"怠慢"，实属难能可贵。如果他因为心胸狭窄轻信别人的谗言，就不能收获像杨戏这样一位不善言辞却才能非凡、忠心耿耿的下属，更不会留下"宰相肚里能撑船"的佳话。

领导要善于感情统御，感化别人。"宰相肚里能撑船"是倡导为人处世要豁达大度，待人处事要宽厚仁慈。作为领导者，杰出的领导才能不可少，而拥有宽宏的肚量、丰厚的情感更能让下属折服，赢得人心，激发众人的工作干劲，取得更加突出的工作成效。

（二）要谨戒"甘临"

《易经》"临"卦六三爻："甘临，无攸利。"意谓用甜言蜜语的人没有什么有利的事。"甘"字从"口"，这是一种甜美的味觉体验，在这里亦表示美言，也指甜言蜜语。所以，对待下属要适时地给予表扬、夸赞，通过奖励、赞赏的方法，来提升团队的工作积极性，以达到统御、管理效果；但对其错误、缺点也要敢于进行批评。另一方面，作为领导，由于位高权重，往往听到的是赞美之声，听到批评的意见则不容易。为此，要警惕下属的甜言蜜言和过度的歌功颂德，要有器量，广开言路，采纳群言，虚心接受批评意见，积极加以改正，防止身边人的"美言"使自己骄傲和自满。

（三）要学会"智临"

《易经》"临"卦六五爻："知临，大君之宜，吉。""知"同"智",即智慧。领导要凭借自己的智慧来领导下属,为政者更需要有知人善用、明辨是非的智慧。

孔子曾说:"君子不以言举人,不以人废言。"意思是说,君子不因为人家一句话说得好就提拔他,也不因为人家有缺陷而完全鄙弃他说的话。为政者举用人,不能单单凭借别人的一句好话,而是要考察其人实际的言行。而对于不善之人,就可以一概否定掉吗?孔子的回答是否定的。君子亦"不以人废言"。只要是忠言、善言,君子都要善于听取。即使是不善之人,只要有可取之言语,那也不妨接受。领导者在知人、用人的过程中,往往需要较高的智慧。只有这样,才能更好地引领民众走上向善、向上的坦途。

(四)要志于"敦临"

《易经》"临"卦上六爻:"敦临,吉,无咎。"意谓敦厚地对待来临的东西,吉利,无所怪罪。敦,即诚笃,这是为人的根本,也是领导者为政的基本素质之一。

孔子曾经称赞古代的圣人大禹说,我对于他这个人没有什么可以挑剔的了:他的饮食很简单,而致力于孝敬鬼神；他穿的衣服粗劣简朴，而祭祀穿的礼服、戴的礼帽尽量做得华美；他自己的宫室极其低矮，而尽力兴修水利。言下之意就是说，大禹是相当完美的，他具有最高的品德。

大禹便具有这种"敦临"的精神，就是克己为民、克己为国的诚笃的精神境界。这种精神对后世士人人格产生了积极的影响，可以说，宋范仲淹的"先天下之忧而忧，后天下之乐而乐"亦与这种精神有着一脉相承的关系。

（五）要乐于"亲临"

为政者更要身先士卒，亲临第一线。《易经》"临"卦的《象》辞说，君子是"以教思无穷，容保民无疆"。为政者往往肩负为国谋发展、为民谋幸福的大任，需要有敢于担当、敢于作为的精神，因此，为政者更应该亲临第一线，深入基层，了解百姓疾苦，掌握民生动态，只有亲自"临"、仔细"临"，才能使天下无咎。这就是我们经常谈的"一线工作法"，只有到第一线做调查加以了解，作出的决策才能切合实际。

传说在帝尧时期，黄河流域经常发生洪水。为了治理洪水，保护农业生产，尧帝曾召集部落首领会议，征求治水能手来平息水害。鲧被推荐来负责这项工作。鲧接受任务后，采用堤工障水，作三仞之城，就是用简单的堤埂把居住区围护起来以障洪水，九年而不得成功，最后被放逐羽山而死。舜帝继位以后，任用鲧的儿子禹治水。

禹总结父亲的治水经验，改鲧"围堵障"为"疏顺导滞"的方法，就是利用水自高向低流的自然趋势，顺地形把壅塞的川流疏通。把洪水引入疏通的河道、洼地或湖泊，然后合通四海。大禹集中治水的人力，在群山中开道。艰苦的劳动，损坏了无数的工具，受伤、牺牲的人也不少，但在大禹的带领与指挥下，他们毫不动摇，坚持劈山不止。经过不懈的努力，治水进展顺利，大山终于豁然展开，形成两壁对峙之势，洪水由此一泻千里，向下游流去，江河从此畅通。水患平息了，百姓得以从高地迁回平川居住和从事农业生产。后来禹因此而成为夏朝的第一代君王，并被人们称为"神禹"而传颂于后世。

大禹身先士卒、亲临第一线的精神一直激励着华夏民族。相传他走遍大河上下，用神斧劈开龙门和伊撅，凿通积石山和青铜峡，使河水畅通无阻。他是中国历史上第一位成功地治理黄河水患的英雄。

二、"节"卦教导我们要学会张弛有度、适度节制的处世之法

从卦名"节"看，其繁体字为"節"，从"竹"表示与竹子有关，"即"为即将、即刻，意为接近、靠近，表示过渡。"竹即"为"節"，意为竹子之间起过渡作用的部分。《说文解字》中解释"节"字："节，竹约也。"即竹节，后泛指草木枝干间坚实结节的部分。后来，"节"引申为表示节骨眼、关键之处，如"关节""得失之节"等。"节"表示时间，可指节令、节气，也指传统的庆祝或祭祀的日子，如节日；作为动词，则有减省、节制、管束之义，如节俭、节制。

"节"卦的卦画是䷄。上卦为坎，下卦为兑，坎为水，兑为泽，泽之容水，会有限量，过度就会溢出，应加以节制。节有止之义，象征节制。节制是美德，能自觉有所节制，处中守正必然亨通。但过分节制，会使自

己吃苦，故要适中。

卦辞曰："节，亨，苦节，不可贞。""节"卦象征节制，节制可致亨通；但过分的节制也不可以，应当持正、适中。

《象》曰："泽上有水，节；君子以制数度，议德行。"意思是说，沼泽上有水，一旦满了就溢出来，而堤防本身就是用来节制水的盈虚的，这就是节卦。君子应当效法"节"卦的义理，制定典章制度和必要的礼仪法度来作为行事的准则，以此来节制人们的行为。

这一卦讲的是节制之道。从初爻到六爻的渐次演变，"节"卦向我们昭示："有节"乃亨乃吉；"不节"或"苦节"，都将导致凶。"节"的本义是竹节，竹节把一根竹子分为数节，使每一节都有一个适中的长度。节制之道也是如此，要适得其中，有节制而不过度。迁移的人们不可能永远处于漂泊的状态中，肯定会找到属于自己的乐土。于是在乐土与漂泊之间便有一个过渡的"节"，所以"涣"卦之后便是"节"卦。《序卦传》说："物不可以终离，故受之以节。"我们知道竹节每一节的长度是差不多的。"节"是节制、节度。我们的生活处处需要"节"：花销要合理安排，量入为出，不能铺张浪费；生活节奏要张弛有度，不能懒散，也不能绷得太紧。"节"作为一种美德、制度、规则和乐理，从本质上看，要守持正固，进退得中，调节有度。

（一）要有节度

《彖》辞中说"节"卦"刚柔分而刚得中"，意思是说，"节"卦的卦象是刚柔适均而刚爻得中。观察"节"卦中的上下二卦可以发现，上下二卦的中部一爻都是表示阳刚之气的阳爻。这便是所谓的"刚得中"了。当然，中部阳爻的周围，还分布着阴爻，这便是所谓的"刚柔分"了。由此可见，节制之道，不仅要有刚毅正直之气，而且要善于委婉、适度，不可过度。阳刚之节就是节操、气节。"君子不为穷变节，不为贱易志。"要有做人的骨气和民族的气节。这种刚柔相济、文质相宜的"中庸"思想是与中国传统美学理念一脉相承的。

"关关雎鸠，在河之洲。窈窕淑女，君子好逑。"这是《诗经》中的名篇《关雎》的开头。这是一首写"女子采荇于河溪，君子见而悦之"的爱情诗，它所写的爱情真挚、热烈而不入邪念；写求之不得的忧思苦闷而又不入绝境，感情率直，淳朴真挚、健康。孔子高度评价这首诗："《关雎》乐而不淫，哀而不伤。"指的是《关雎》这首诗，有欢乐，但不流于放荡；有悲哀，但不令人痛苦。

孔子强调"节制"之美。"乐而不淫，哀而不伤"八个字，看似只是对《关雎》一诗的评价，实际上道出了孔子的哲学思想和美学思想。在孔子看来，真正美的、有益于人的艺术作品，情感的表现应是适度的。如果超出了应有的程度，使欢乐的情感的表现成了放肆的享乐，悲哀的情感的表现成了无限的感伤，这样的艺术作品就是有害的。

这"乐而不淫，哀而不伤"一语表明孔子意识到了艺术所表现的情感应该是一种有节制的、社会性的情感，而不应是一种无节制的、动物性的情感。这个基本的思想使得中国艺术对情感的表现在绝大多数情况下都保持着一种理性的人道的控制性质，极少坠入卑下粗野的情欲发泄或神秘狂热的情绪冲动。

鲁迅在评论十月革命后苏联的革命版画时曾经说过："它真挚，却非固执；美丽，却非淫艳；愉快，却非狂欢；有力，却非粗暴。"这种"节制"之美至今仍然适用于美的哲学和审美心理学的普遍原则。

（二）要能节俭

"节"卦爻辞中的"甘节，吉"，意思是说，能适度节制从而让人感到美而适中，是吉祥的。但是，"节"卦也谈到了"苦节不可贞""苦节，贞凶，悔亡"，意思是说，因节制过分，则会感到苦涩；而且会发生凶险，如果能对过分节制感到懊悔，则凶险有可能消失。节俭是中华民族的传统美德，是值得被传承和发扬的，但是，如果追求过分的节俭，则会走向另一个极端，同样是不恰当的。

林放是春秋时期的学者，有一次，他来问孔子：什么是"礼"的根本呢？孔子感叹道："大哉问！礼，与其奢也，宁俭；丧，与其易也，宁戚。"意思是：你的问题意义重大呀！一切的礼，与其过于奢侈，宁可节俭朴素。就丧礼而言，与其奢侈铺张、轻率操办，宁可节约朴素，把悲哀存于内心。

周礼是在周初确定的一整套的典章、制度、规矩、仪节，是原始巫术礼仪基础上的规范化，有一套繁复的祭拜礼仪规则。春秋时期，礼崩乐坏，世风日下，许多诸侯在守礼方面竞务虚文，讲排场，逐豪华，而不重实质。当林放向孔子提出"礼之本"的问题时，孔子表露出了肯定与激赏。

"礼，与其奢也，宁俭；丧，与其易也，宁戚。" 孔子的前一句是针对奢侈文饰、流为浮华者而言的。儒家讲求"中庸"之道，既不主张过度奢侈，也不推崇过度节俭。奢侈者则外有余而内不足，节俭者则内有余而外不足，二者都与礼不合。但是外不足，其本尚在；内不足，其本将失。所以相比之下，孔子更反对奢侈而崇尚节约。

孔子的后一句是针对丧礼中的操办过度而哀情不足来说的。人有生死，人们的相交相处，在死生之际，最能见性情仁心。性情愈真，仁心愈厚，其礼亦愈重。因此孔子又特举"丧礼"而言之。在操办丧礼中，如果仪文周到，但内心没有悲戚之情，这一切的礼仪、形式则不过徒有虚表而已。

（三）要遵守制度规范

"节"卦的《彖》辞中说："节以制度，不伤财，不害民。"意思是说，君主用制度规范来推行节制之道，就能不浪费资财，不伤害人民。这是强调节制之道的重要性，更说明了节制之道的现实意义。

子曰："道千乘之国，敬事而信，节用而爱人，使民以时。"孔子说，要治理一个有一千辆兵车的国家，就应该严肃认真对待工作，诚实守信，节省财用，以爱人为念。役使老百姓，要在农闲时间。孔子强调"节用"，指实行经济政策时，要能不伪善，不铺张浪费，要能节省财用。"节用"是为了"爱人"，而不是为了自己，这是一个为政者、领导者应有的担当精神。

有一次，鲁国人计划要翻修长府。孔子的弟子闵子骞在鲁国围观，他提出不同意见："依照着老样子，可以吗？为什么一定要改建呢？"闵子骞的行为得到了孔子的赞赏，孔子说："闵子骞平时不大说话，一开口就说到要害上。"耗费那么多人力、物力去改建长府，建成之后，却无益于人民的生活和国家的发展，反而会为一些居上位的小人所利用，加重人民的负担。孔子论为政，主张"以德治国"，主张节俭，而反对聚敛财物。

习近平总书记在河南考察时，提出了"堂堂正正做人、老老实实干事、清清白白为官"的十八字箴言，要求官员以德、能、勤、廉为本，这十八字箴言概括了为官的智慧和境界，是为官的座右铭，让我们牢记心中并付诸实践！